DER HOLOCAUST

Inhaltsverzeichnis

1 Einleitung

Die Verfolgung und Vernichtung der europäischen Juden durch das nationalsozialistische Deutschland gehört wegen ihrer Ungeheuerlichkeit zu den am besten untersuchten Ereignissen der deutschen Geschichte. Das klingt nicht überraschend, ist aber dennoch erst eine Entwicklung der vergangenen 30 Jahre. In den ersten Jahrzehnten nach Ende des Zweiten Weltkriegs beschäftigte sich die zeitgeschichtliche Forschung weltweit kaum mit diesem Thema. Vielmehr standen bei der Erforschung des »Dritten Reichs« dessen Führungspersönlichkeiten, der Herrschaftsapparat und die Auswirkungen auf die deutsche Gesellschaft im Vordergrund. Nur mit großer Mühe konnte der Doyen der Holocaust-Forschung, Raul Hilberg, Anfang der 1960er Jahre einen Verlag für seine monumentale Gesamtdarstellung »The Destruction of the European Jews« finden. Ein weiteres Jahrzehnt verging, ehe das Interesse an dem Massenmord den Hauptstrom der Geschichtswissenschaft erreichte. Seitdem sind Zehntausende von Monographien zu den unterschiedlichen Aspekten der Vernichtungspolitik erschienen.

Das vorliegende Buch versucht, einen Abriss der wichtigsten Ereignisse und Entwicklungen zu geben und die wesentlichen Faktoren herauszuarbeiten, die den Genozid möglich gemacht haben. Zur Vertiefung wird auf weiterführende Spezialliteratur verwiesen. Die Untersuchung schildert den Holocaust aus der Perspektive der Täter. Daraus spricht keine Ignoranz gegenüber den Opfern, sondern die Überzeugung, dass auf diese Weise die Ursachen und Voraussetzungen für den Mord an sechs Millionen Menschen am besten darstellbar sind.

Außerdem entspricht diese Vorgehensweise dem Konzept der Reihe, in der dieses Buch erscheint: Der Holocaust war nicht auf Deutschland begrenzt. Die meisten seiner Opfer waren keine

Deutschen, sondern Juden aus anderen europäischen Ländern, vor allem aus Polen und der Sowjetunion. Die Vordenker, Lenker und befehlshabenden Täter waren hingegen Deutsche. Insofern muss ein Band über den nationalsozialistischen Massenmord vor allem diese in den Blick nehmen, wenn er als Teilband einer »Deutschen Geschichte im 20. Jahrhundert« erscheint.[1]

Im Text werden die Begriffe »Shoah« und »Holocaust« für die Vernichtung der europäischen Juden verwendet. Der erste Begriff kommt aus dem Hebräischen und bedeutet »Katastrophe«. International hat sich jedoch vor allem die Bezeichnung »Holocaust« durchgesetzt, obwohl sie streng genommen nicht nur unpassend, sondern auch pietätlos ist: Das dem Griechischen entlehnte Wort bezeichnet ursprünglich eine bestimmte Art des Brandopfers, bei der das Opfertier als Zeichen besonderer Ehrerbietung gegenüber Gott nicht nur teilweise, sondern vollständig verbrannt wurde. Die Massenvernichtung der Juden war kein Opfer, noch weniger hatte sie eine religiöse Bedeutung. Dennoch hat sich seit den siebziger Jahren des vergangenen Jahrhunderts dieser Begriff so durchgesetzt, dass er auch an dieser Stelle nicht mehr in Frage gestellt wird.

Abschließend möchte ich denjenigen danken, die mich bei meiner Arbeit unterstützt haben. Der größte Dank gilt Prof. Dr. Sönke Neitzel für das Angebot, die vorliegende Darstellung für die von ihm betreute Reihe zu verfassen. Seinen Mitherausgebern, Prof. Dr. Frank-Lothar Kroll und Prof. Dr. Manfred Görtemaker, sei für ihre Zustimmung und das damit bewiesene Vertrauen gedankt. Dem be.bra verlag und seinen Lektoren Dr. Christian Härtel und Dr. Robert Zagolla danke ich für die gute Zusammenarbeit. Andreas Mix und Dr. Jörn Hasenclever haben wichtige Hinweise gegeben. Auch ihnen sei herzlich gedankt.

Meine Freundin Petra Exner hat mich auch in schwierigen Phasen immer unterstützt und damit wesentlich zur Fertigstellung dieses Buches beigetragen. Ihr sei dieses Buch gewidmet.

2 Judenfeindschaft und Antisemitismus in der deutschen Geschichte

Juden waren seit dem Mittelalter Teil der deutschen Gesellschaft. Hier eine Straßenszene aus Berlin 1928.

Jede Auseinandersetzung mit dem Holocaust steht vor dem Problem, das Unbegreifliche – den millionenfachen Massenmord – begreiflich machen zu müssen. Neben der generellen Frage, wie ein derartiger Akt der Barbarei überhaupt möglich war, muss der Historiker den Blick auch auf zwei spezifischere Probleme richten: Warum die Juden? Und: Warum die Deutschen? Beide Probleme verweisen auf die Geschichte der Judenfeindschaft im Allgemeinen und in Deutschland im Besonderen.

Christlicher Antijudaismus

Der Antisemitismus der Nationalsozialisten war ein Phänomen der Moderne, aber seine Entwicklungsgeschichte reicht bis in die Antike zurück, genauer gesagt bis zu den Anfängen des Christentums. Zwar hatte es bereits früher Konflikte zwischen Juden und Nichtjuden gegeben, aber diese Konflikte waren räumlich und zeitlich begrenzt geblieben und hatten vor allem keinen prinzipiellen Charakter gehabt. Die Ablehnung der Juden allein aus dem Grund, weil sie Juden waren, verbreitete sich erst mit dem Aufstieg der christlichen Religion.

Jesus und seine Jünger waren Juden und beriefen sich auf die jüdischen Lehren und Schriften. Erst als sich nach Jesu Tod der Apostel Paulus gegen Petrus durchsetzte und die Zugehörigkeit zum Judentum nicht mehr als Voraussetzung galt, um sich taufen zu lassen, war der Bruch mit dem Judentum vollzogen. Dennoch blieb das Verhältnis zum Judentum ein besonderes: Aus christlicher Sicht hätten die Juden – anders als die Anhänger der »heidnischen« Religionen – in Jesus den von den heiligen Schriften prophezeiten Erlöser erkennen müssen, und die Tatsache, dass sie das nicht taten, stellte den Glauben der Christen auf eine härtere Probe als das Festhalten von Nichtjuden an ihrer jeweiligen Religion.

In den Augen vieler Christen ließ sich die Weigerung der Juden, sich zu dem Gekreuzigten zu bekennen, nur mit ihrer Verblendung erklären. Aus fehlender Einsicht hätten die Juden schließlich Jesu Tod verursacht. Mit diesen beiden Vorwürfen, die bereits im jüngsten der vier Evangelien, dem des Johannes, anklingen, sind zwei der wichtigsten antijüdischen Stereotypen genannt, die in den folgenden Jahrhunderten immer wieder gegen die Juden vorgebracht wurden: das der religiösen Verblendung und das des Gottesmords.

Die Ausbreitung des Christentums im Römischen Reich und vor allem die Verdrängung der nichtchristlichen Religionen verschärften den Gegensatz zum Judentum seit dem 4. Jahrhundert weiter. Im Mittelalter sahen sich die Juden in vielen europäischen Territorien einer rein christlichen Gesellschaft gegenüber, die sie als Fremdkörper wahrnahm. Zu einer Zeit, in der die Religion für das gesamte Leben konstitutiv war, konnten sich die Auswirkungen unterschiedlicher Glaubensbekenntnisse nicht auf den Besuch verschiedener Gotteshäuser beschränken, sondern mussten weite Sphären des Sozialen erfassen. Hinzu kam, dass sowohl die christliche Kirche als auch die jüdischen Gesetzeslehrer peinlich darauf achteten, die Trennung zwischen Juden und Christen beizubehalten. Während das Judentum schon seit alters her Eheschließungen mit Nichtjuden verboten hatte, erließ die Synode von Elvira im Jahr 306 ein vergleichbares Verbot für Christen. Weitere Regelungen, die den Kontakt mit Juden auf ein Minimum reduzieren sollten, folgten. 1215 forderte das 4. Laterankonzil sogar die äußerliche Kennzeichnung der Juden mit einem gelben Fleck oder einem »Judenhut«. Zudem wurde den Juden die Ausübung zahlreicher Berufe untersagt. Die Wirkung, die von derartigen Verboten auf das Verhältnis zwischen Juden und Christen ausging, war eine doppelte: Zum einen fiel mit dem persönlichen Kontakt auch die Möglichkeit weg, gegenseitige Vorurteile zu revidieren. Zum anderen zwangen die beruflichen Beschränkungen immer mehr Juden in das Gewerbe des Geldverleihs, das den Christen wegen des kirchlichen Zinsverbots verwehrt war. Mit der Entwicklung des jüdischen Zinswesens trat nun noch ein ökonomischer Grund neben die weiterhin bestehenden religiösen Gründe für den verbreiteten Antijudaismus.

Beide Motive vereinten sich, als Papst Urban II. 1099 zum Kreuzzug zur Befreiung Jerusalems aufrief: Zahlreiche Kreuzfahrer machten sich daran, bevor sie die »Ungläubigen« im Heiligen Land bekämpften, vorher noch die in der Heimat zu töten oder zur Konversion zu zwingen. In Städten wie Worms fielen hunderte von Juden diesem »missionarischen Eifer« zum Opfer. Andere ließen sich in Todesangst taufen, wieder andere wurden mit Gewalt zwangsgetauft. Zum ersten Mal waren nicht einzelne Juden, sondern die jüdischen Gemeinden in ihrer Gesamtheit das Ziel gewaltsamer Angriffe geworden; dieses Muster sollte sich von da an durch die jüdisch-christliche Geschichte ziehen.

Lange Zeit traten die auf jüdische Geldgeber angewiesenen Fürsten und Könige als Schutzherren der Juden auf, aber ihre

Macht nahm im Hochmittelalter ab, die der Kirche jedoch wuchs – und damit auch der Druck auf die Herrscher, die Schutzrechte der Juden aufzuheben. Anders als in England und Frankreich, wo die Kirche 1290 beziehungsweise 1394 die vollständige Vertreibung aller Juden erreichte, konnten sich die Juden im Heiligen Römischen Reich Deutscher Nation halten, ihre Situation wurde jedoch zunehmend kritischer. Es bedurfte der gewaltigsten Katastrophe des späten Mittelalters, um die Juden endgültig aus der Gemeinschaft auszustoßen: Als von 1348 bis 1350 die erste große Pestepidemie die Bevölkerung des Reichs um rund ein Drittel dezimierte, wurden die Juden als die Schuldigen an der Katastrophe (»Brunnenvergifter«) ausgemacht und blutig verfolgt. Die Überlebenden durften zwar später, nachdem die Seuche vorbei war, an ihre angestammten Wohnorte zurückkehren, sie galten nun aber endgültig nur noch als geduldete Gäste, die jederzeit wieder ausgewiesen werden konnten, was in vielen Städten auch geschah. In den übrigen mussten sie in speziellen Vierteln – so genannten »Ghettos« – leben und sich durch spezielle Zeichen als Juden zu erkennen geben.

Zur gleichen Zeit setzten sich immer mehr christliche Kaufleute über das kirchliche Zinsverbot hinweg und betätigten sich im Geldhandel, der lange Zeit den Juden vorbehalten gewesen war. Auf Basis der großen Vermögen, die erfolgreiche Kaufleute in ihre neuen Geschäfte einbrachten, entstanden große Geldhäuser, mit deren Konditionen die jüdischen Pfandleiher nicht konkurrieren konnten. Ihnen blieben nur noch diejenigen Kreditnehmer, die den neuen Bankhäusern nicht zuverlässig erschienen – und es häufig auch waren. Um unter diesen erschwerten Bedingungen nicht bankrott zu gehen, sahen sich die jüdischen Geldgeber gezwungen, von ihren schlecht beleumundeten Schuldnern höhere Zinsen zu verlangen: Das Bild des jüdischen Wucherers war geboren. Die Verdrängung der Juden aus den Städten aufs Land sorgte zudem dafür, dass viele von ihnen sich ihren Unterhalt als Hausierer verdienen mussten. Das mit diesem Beruf zwangsläufig verbundene Vagabundentum schlug sich im Stereotyp des heimatlos umherziehenden Juden nieder. Der Antijudaismus hatte sein Gesicht verändert: Über die rein religiös bedingte Feindschaft wurden den Juden nun zunehmend negative Charaktermerkmale wie Gier und Unsauberkeit zugeschrieben; statt als bloße Ungläubige wurden sie verstärkt als Fremde, ja Feinde wahrgenommen. Und die Feindschaft zum Judentum war zum festen Bestandteil des Christentums geworden.[1]

Der Weg zur Gleichberechtigung

An der Diskriminierung der Juden änderte sich lange nichts. Über Jahrhunderte wurden sie in der Wahl ihres Wohnorts beschränkt, die Ausübung der meisten Berufe war ihnen verboten, die Mehrzahl von ihnen lebte dementsprechend unter ärmlichen Bedingungen. Einige wenige jedoch reüssierten im Geldhandel und gelangten als Financiers von Fürsten zu Reichtum und Einfluss. Und während die am Existenzminimum lebenden Juden dem Vorurteil des »dreckigen Juden« Nahrung gaben, nährten die wenigen »Hofjuden« die Vorstellung von einer jüdischen Finanzallmacht.

Eine grundsätzliche Änderung in der Stellung der Juden brachte erst die Aufklärung. Deren wirtschaftlich und sozial erbärmliche Situation wurde nicht nur als unerträglich für die Juden selbst empfunden, sondern stellte in den Augen der Aufklärer auch der christlichen Gemeinschaft sowie dem Staatswesen ein miserables Zeugnis aus. Die Lösung, die die Aufklärer ebenso vorschlugen wie die liberalen Reformer, lag in der vollen Gleichberechtigung der Juden. Allerdings war mit dieser Forderung die Vorstellung verbunden, dass sie mit Erhalt der vollen Rechte ihr »Judensein« aufgeben würden. Insbesondere vielen Liberalen schien die jüdische Religion rückständig, jüdische Riten und Gebräuche als Relikte vergangener Tage.

Diese ambivalente Haltung legte auch der französische Kaiser Napoleon I. an den Tag, der mit der Einführung des *Code civile* sowohl in Frankreich als auch in den von ihm eroberten deutschen Gebieten die gesetzliche Emanzipation der Juden einleitete. In der Folge verbesserte sich ihre rechtliche Stellung auch in den übrigen deutschen Gebieten, ohne ihnen indes eine echte Gleichberechtigung zu bescheren. Obwohl den Juden offiziell die vollen Rechte garantiert wurden, schränkte ein 1808 erlassenes Edikt diese in den ostfranzösischen Departments bereits teilweise wieder ein. Unter dem Vorwand, den typisch jüdischen Wucher zu bekämpfen, erlegte man den Juden eine Reihe von Handelsbeschränkungen auf, die zugleich demonstrierten, dass an die Verleihung von Rechten immer auch die Erwartung geknüpft war, die Juden mögen von ihrer angestammten Lebensweise (oder dem, was dazu erklärt wurde) ablassen.

Und noch ein zweiter Faktor sollte die volle Emanzipation der Juden erschweren: Wohl als Reaktion auf die rechtliche Verbesserung brachen 1819 in Würzburg judenfeindliche Unruhen aus (genannt »Hep-Hep-Unruhen« nach dem judenfeindlichen Ausruf »hep-hep«), die sich rasch auf weite Teile des Landes ausbreiteten und ein Ausmaß annahmen, das die Judenverfolgung seit Jahrhunderten nicht mehr erreicht hatte. Den Reformern machten diese Ausschreitungen klar, dass sie bei ihren Bemühungen um die Gleichberechtigung der Juden immer mit dem in weiten Teilen der Bevölkerung verbreiteten Antisemitismus rechnen mussten. Auch aus diesem Grund schienen sich zu schnelle Emanzipationsbemühungen zu verbieten. Dennoch brachten die folgenden Jahre und Jahrzehnte eine sukzessive Ausweitung der Rechte der jüdischen Bevölkerung mit sich, obwohl der Protest dagegen nicht abriss und bis 1848 kein Jahr ohne gewaltsame antijüdische Ausschreitungen verging.

Die wohl entscheidendste Neuerung war die Aufhebung der beruflichen Beschränkungen für Juden, die nun fast alle Berufe ergreifen konnten, wenn ihnen der Staatsdienst und die Offizierslaufbahn auch weiterhin verwehrt blieben. Die meisten Juden setzten auf Branchen, die ihnen zukunftsträchtig erschienen. Kaum einer von ihnen ging in die Landwirtschaft und nur wenige wurden Handwerker. Dagegen erstrebten viele zumindest für ihre Kinder eine universitäre Ausbildung, so dass der Anteil jüdischer Studenten schon bald den der Juden an der Gesamtbevölkerung überstieg. Das Verbot, im Staatsdienst tätig zu sein, sorgte dafür, dass sich viele jüdische Hochschulabsolventen freien Berufen zuwandten, Rechtsanwälte und Ärzte, aber auch Journalisten wurden, was eine hohe Konzentration von Juden in diesen Berufsfeldern zur Folge hatte. Auf Grund der Jahrhunderte langen Tradition des jüdischen Kreditwesens lag für viele auch eine Beschäftigung im Bankgewerbe und im Handel nahe. Die Blüte, die beide Bereiche im Zuge des wirtschaftlichen Booms in der ersten Hälfte des 19. Jahrhunderts erlebten, machte einige Juden zu reichen Leuten. Zwar waren Mitte des Jahrhunderts nur die wenigsten Juden reich, aber unter den Reichen stellten sie einen überproportionalen Anteil. Aus wirtschaftlichen wie aus politischen Gründen mussten die Juden dementsprechend auf Seiten des Liberalismus stehen, der für ihre Freiheiten kämpfte. Als Gewinner von Liberalismus und Moderne wurden sie aber auch mit diesen Strömungen assoziiert, was fatale Auswirkungen habe sollte, als beide in die Krise gerieten.[2]

Die »Verwissenschaftlichung« des Antisemitismus

Die Gründung des deutschen Kaiserreichs brachte mit der 1871 verabschiedeten Reichsverfassung zunächst einen enormen Fortschritt für die rechtliche Stellung der Juden. Erstmals wurden ihnen in allen deutschen Ländern die vollen Bürgerrechte zugesprochen. Einflussreiche Positionen in Verwaltung, Regierung und Militär blieben ihnen jedoch de facto weiterhin weitgehend verschlossen. Schlimmer wogen die Folgen der Wirtschaftskrise von 1873. In diesem Jahr endete eine lange Phase dynamischen Wirtschaftswachstums; Firmenpleiten häuften sich und die Arbeitslosigkeit stieg an. Obwohl es sich bei dieser von den Zeitgenossen so bezeichneten »Großen Depression«

in Wahrheit nur um eine Rezession handelte, waren die emotionalen Auswirkungen gewaltig: Der bis dahin weit verbreitete Zukunftsoptimismus wich einer allgemeinen Skepsis, das Glücksversprechen der Moderne schien gebrochen zu sein. Als eines der zentralen Motive liberaler Reformanstrengungen geriet auch die Judenemanzipation in Misskredit, mehr noch, die Juden wurden von weiten Teilen der Bevölkerung als Profiteure der Moderne betrachtet. Antimodernes Denken und Judenfeindschaft verschmolzen bei vielen zu einer Einheit.

Der konservative, protestantische Hofprediger Adolf Stoecker polemisierte offen gegen Judentum und Modernisierung. Auch wenn sein Judenhass noch ganz von der Ablehnung der jüdischen Religion getragen wurde und keine rassischen oder völkischen Elemente aufwies, brachte er eine wichtige inhaltliche Neuerung. Stoecker wehrte sich gegen die Auswüchse der Moderne, namentlich gegen Sozialismus und Kapitalismus, und hinter beiden machte er die Juden als Hauptverantwortliche aus. Sowohl als Sozialisten als auch als Vertreter des Manchesterkapitalismus seien die Juden nicht nationalen Interessen verbunden, sondern verfolgten zusammen mit sämtlichen Juden weltweit ihre eigenen Ziele. Die Vorstellung von einer Allianz aus »goldener« und »roter Internationale« machte die Runde. All diejenigen, die sich als Verlierer der wirtschaftlichen und gesellschaftlichen Veränderungen fühlten, konnten ihre Enttäuschung auf die Juden projizieren – Landwirte, die sich durch billige Importe aus dem Ausland bedroht sahen, ebenso wie Handwerker und Kleinhändler, die in den von Juden betriebenen Kaufhäusern den Grund für ihre eigene wirtschaftliche Misere vermuteten. Dass sich unter ihren in- und ausländischen Konkurrenten mehrheitlich Nichtjuden befanden, blendeten die Betroffenen dabei genauso aus wie den Umstand, dass der größte Teil der in Deutschland lebenden Juden weder Großunternehmer noch Sozialisten waren. Das Stereotyp von der »jüdischen Bedrohung« überlebte und konnte bei jeder wirtschaftlichen Krise erneut abgerufen werden.

Noch wichtiger war aber eine andere Entwicklung: die »Verwissenschaftlichung« der Judenfeindschaft. Mit dem Aufkommen der Rassentheorie entwickelte sich eine Lehre, die in den Juden nicht mehr nur Anhänger einer anderen Religion und Träger einer fremden Kultur sah, sondern Angehörige einer anderen Rasse. Und während auch überzeugte Judenfeinde wie Richard Wagner noch die vollständige Aufgabe des »Jüdischseins« als Weg für die Juden beschrieben hatten, »vollwertige« Deutsche zu werden, bestand diese Möglichkeit gemäß dieser neuen Theorie nicht mehr. Das bedeutete auch endgültig den Übergang vom Antijudaismus zum Antisemitismus. Nicht mehr Glaube und Kultur, sondern Rasse und Blut standen zwischen Juden und Nichtjuden, und zwar unüberwindlich. Juden konnten dementsprechend keine Deutschen mehr werden. 1899 interpretierte das nicht zuletzt in Deutschland ungemein erfolgreiche Buch »Grundlagen des 19. Jahrhunderts« des Engländers Houston Stewart Chamberlain die gesamte Geschichte als Kampf zwischen der arisch-germanischen und der jüdischen Rasse. Bereits 1887 hatte der Orientalist Paul de Lagarde Juden mit Ungeziefer und Krankheitserregern verglichen, und Chamberlain forderte nun ihre physische Vernichtung als vorbeugende Maßnahme gegen die Untaten, die sie angeblich planten.[3] Solche Theorien fielen in Deutschland auf deutlich fruchtbareren Boden als in anderen europäischen Staaten. Vor allem wurde die Judenfeindschaft durch ihre »Verwissenschaftlichung« für die akademische Welt akzeptabel. Nicht zufällig fanden derartige Thesen vor allem unter der studentischen Jugend, aber auch unter Lehrern Anhänger. Statt einen Damm gegen den abergläubischen Judenhass zu bilden, wurden so die Multiplikatoren der Zukunft in starkem Maße antisemitisch geprägt.

Es fällt schwer zu sagen, wie weit der Antisemitismus im Kaiserreich verbreitet war. Antisemitische Parteien konnten sich nicht dauerhaft durchsetzen, auch wenn sie zeitweise mit drei Sitzen im Reichstag vertreten waren. In der Zentrumspartei, der SPD und bei den Liberalen hatte der Antisemitismus keine

Chance; die Konservativen erhoben ihn 1892 dafür sogar zum Inhalt ihres Parteiprogramms, ohne jedoch ihre gesamte Politik darauf auszurichten. Weit verbreitet war er vollem im vorpolitischen Raum, in den Handwerker- und Bauernverbänden und in den Studentenverbindungen. Besonders virulent war die Judenfeindschaft im einflussreichen Alldeutschen Verband. In weiten Kreisen des Kaiserreichs war Judenfeindschaft zumindest gesellschaftlich akzeptiert.

Auf der anderen Seite schritt auch die Integration der Juden voran. Die übergroße Mehrheit der im Deutschen Reich lebenden Juden bekannte sich zu ihrem Heimatland und passte sich an die herrschende Kultur an. Die zahlreichen Konversionen insbesondere zum Protestantismus legten auch äußerlich Zeichen von dieser Entwicklung ab. In den freien Berufen, unter Ärzten und Rechtsanwälten, waren Juden geschätzte Kollegen, hier fand der Antisemitismus nur wenige Anhänger. Und trotz der Akzeptanz, die er in weiten Teilen der Bevölkerung fand, wurde die von glühenden Antisemiten geforderte Umkehrung des Emanzipationsprozesses nie ernsthaft von der Politik erwogen. Vielleicht hätte die Akzeptanz der Juden weiter zugenommen und der Antisemitismus wäre nach und nach verschwunden, wenn nicht der Erste Weltkrieg und die Niederlage des Deutschen Reiches den Boden für eine weitere Radikalisierung bereitet hätten.[4]

Die Folgen des Ersten Weltkriegs

Die Begeisterung über den Kriegsausbruch hatte 1914 nicht nur den Unterschied zwischen den Parteien verdeckt, sondern auch die Gräben zwischen Juden und Nichtjuden zugeschüttet. Aber mit zunehmender Dauer des Krieges und dem Ausbleiben des entscheidenden Sieges sowie mit der Verschärfung der sozialen Gegensätze durch die Kriegswirtschaft, hob auch der Antisemitismus wieder sein hässliches Haupt. Von antisemitischen Organisationen wurden die Juden als Kriegsgewinnler beschrieben, die als Industrielle ihren Profit aus dem Krieg schlugen und sich vor dem Kriegsdienst drückten. Eine von der Obersten Heeresleitung initiierte Untersuchung ergab zwar die Haltlosigkeit des Vorwurfs, doch weil die militärische Führung es vorzog, die Ergebnisse geheim zu halten, konnte sich das Gerücht hartnäckig halten. Als sie nach der deutschen Niederlage nach einem Schuldigen suchten, fanden die Antisemiten ihn wieder einmal in den Juden. Aufgewühlt durch die Niederlage und die Millionen von Toten, die der Krieg auf deutscher Seite gefordert hatte, riefen sie nun mit Vehemenz nach Rache. Als die Weimarer Reichsverfassung den Juden 1919 erstmals in der deutschen Geschichte volle Rechte gewährte, ließ dies die Abneigung der Völkischen Bewegung gegen die Juden und die Republik – die auch sofort als »jüdisch« beschimpft wurde – nur noch anwachsen. Die führende Beteiligung einiger Juden an der Münchener Räterepublik sowie der Spartakistenbewegung war für weite Kreise der politischen Rechten der Beweis dafür, dass der Kommunismus eine jüdische Erfindung sei und sich hinter dem Ziel der Weltrevolution in Wahrheit der Plan der Juden verberge, die Weltherrschaft zu übernehmen. Zusätzliche Nahrung erhielt diese Paranoia noch durch die gefälschten »Protokolle der Weisen von Zion«, die nach der Russischen Revolution in Deutschland verbreitet wurden und bis zur nationalsozialistischen Machtübernahme 33 Auflagen erlebten. Der Führer des ultranationalistischen Alldeutschen Verbandes, Heinrich Claß, rief 1919 mit den Worten: »Schlagt sie tot, das Weltgericht fragt Euch nach den Gründen nicht«, gar zur physischen Vernichtung der Juden auf. Zumindest einige scheinen dieser Aufforderung gefolgt zu sein, denn die ersten Jahre nach Kriegsende sahen eine Welle antisemitischer Gewalt, die bisweilen auch in Mord mündete und in Außenminister Walther Rathenau ihr prominentestes Opfer fand.

Anders als in früheren Jahren brachte das Ende der wirtschaftlichen und gesellschaftlichen Krise keinen deutlichen Rückgang von Antisemitismus und antisemitischer Gewalt. Auch nach der

Stabilisierung der Lage Mitte der 1920er-Jahre waren gewaltsame Übergriffe auf Juden häufig; sogar ihre Friedhöfe boten Antisemiten ein Angriffsziel. Es waren vor allem zwei Gruppen, in denen sich der Judenhass verbreitete: Kleinhändler und Akademiker. Erstere sahen sich vor allem durch die jüdische Wirtschaftsmacht, namentlich durch Warenhäuser und Banken bedroht – immerhin waren rund zehn Prozent aller Kreditinstitute in jüdischer Hand –, letztere wollten sich angesichts knapper Arbeitsplätze der Konkurrenz jüdischer Kommilitonen und Absolventen entledigen. In den übrigen Kreisen der Bevölkerung verlor der radikale Antisemitismus dagegen an Resonanz. Eine unterschwellige Abneigung blieb jedoch bestehen. Verbreitet war vor allem die Ansicht, die Juden hätten zu viel Macht. Obwohl – trotz aller Erfolge einzelner jüdischer Unternehmer – die Behauptung eines beherrschenden jüdischen Einflusses auf die Wirtschaft vollkommen haltlos war, speisten sich derartige Annahmen vor allem durch die starke Präsenz von Juden im Kultursektor und im Journalismus. Natürlich dachten längst nicht alle Deutschen so und auch in den Parteien und Kirchen lehnten viele den Antisemitismus ab. Allein, die Ablehnung reichte nur bei den wenigsten so weit, antijüdische Einstellungen offen zu verurteilen, sei es nun aus heimlichem Einverständnis oder taktischem Kalkül. Lediglich DDP und SPD verurteilten den Antisemitismus energisch. Dies rächte sich spätestens dann, als die Weltwirtschaftskrise und das Scheitern der Weimarer Koalition der radikal-antisemitischen NSDAP die Wähler in Scharen zutrieb und sie zur stärksten politischen Kraft werden ließ. Mit Sicherheit war der fanatische Hass auf die Juden nicht der Hauptgrund für den Erfolg der Nationalsozialisten bei den Wählern – nicht umsonst räumte Hitler dem Antisemitismus in den Wahlkämpfen einen deutlich geringeren Rang ein als noch zu Beginn seiner politischen Laufbahn. Dank der jahrelangen Akzeptanz antisemitischer Parolen war die Öffentlichkeit jedoch soweit abgestumpft, dass sie sich von den entsprechenden Slogans der NSDAP nicht davon abhalten ließ, diese zu wählen.

Innerhalb des rechtsradikalen Spektrums war der Antisemitismus zum Kitt geworden, der die äußerst heterogenen Gruppierungen zusammenhielt. Dafür, dass diese Gruppierungen sich größtenteils in der NSDAP zusammenschlossen, dass diese an die Macht kommen konnte und wiederum dadurch Gelegenheit bekam, ihr radikales Programm umzusetzen, war in erster Linie ein Mann verantwortlich: Adolf Hitler.[5]

Adolf Hitler und seine antisemitische Überzeugung

Es ist unklar, wann Hitler zum Antisemiten wurde. Wahrscheinlich geschah es in Wien, wo er sich in den Jahren 1909 bis 1913 aufhielt. Auf jeden Fall war er Antisemit, lange bevor er Politiker wurde. Nach dem verlorenen Weltkrieg, an dem er als Kriegsfreiwilliger in der deutschen Armee teilgenommen hatte, und vor allem nach den traumatischen Erfahrungen der Novemberrevolution suchte Hitler – wie so viele – die Schuldigen für diese Niederlage und fand sie – ebenfalls wie viele andere Enttäuschte – in den Juden. Die Begründung dafür, warum es ausgerechnet die Juden gewesen sein sollten, war ziemlich schwammig und geht auf Hitlers paranoide Grundüberzeugung zurück, nach der die Juden für alles in seinen Augen Schlechte – vom Christentum bis zum Bolschewismus – verantwortlich seien. Bereits 1919 schrieb der von der Front Heimgekehrte in einem Brief den denkwürdigen Satz: »Sein [des Antisemitismus] letztes Ziel aber muss unverrückbar die Entfernung der Juden überhaupt sein.«[6] Im selben Brief bezeichnet er die Juden als »Rassentuberkulose«. Auch in seinem 1925 in der Haft in Landsberg verfassten Buch »Mein Kampf« werden die Juden beinahe auf jeder Seite als die größte Gefahr nicht nur für das deutsche Volk, sondern für ganz Europa und letztlich die ganze Welt beschrieben. Am deutlichsten wird Hitler am Ende des Buches, als er unter Verweis auf die angebliche Schuld der Juden an der deutschen Niederlage im Ersten Weltkrieg erklärt: »Hätte man zu Kriegsbeginn und während des Krieges einmal zwölf- oder fünfzehntausend dieser hebräischen Volksverderber so unter Giftgas gehalten, wie Hunderttausende unserer allerbesten deutschen Arbeiter aus allen Schichten und Berufen es im Felde erdulden mussten, dann wäre das Millionenopfer der Front nicht vergeblich gewesen. Im Gegenteil: Zwölftausend Schurken zur rechten Zeit beseitigt, hätte vielleicht eine Million ordentlicher, für die Zukunft wertvoller Deutschen das Leben gerettet. [...] Solch eine Abrechnung von wirklicher, weltgeschichtlicher Größe findet allerdings nicht statt nach dem Schema irgendeines Geheimrates oder einer alten, ausgetrockneten Ministerseele, sondern nach den ewigen Gesetzen des Lebens auf dieser Erde, die Kampf um dieses Leben sind und Kampf bleiben.«[7]

Allerdings wird man auch aus diesen Äußerungen noch keinen Verweis auf die später durchgeführte »Endlösung« sehen können: Weder spricht Hitler davon, sämtliche Juden umzubringen, noch deuten die erwähnten »zwölftausend Schurken« die millionenfache Dimension des späteren Mordprogramms an. Dreierlei aber lässt sich aus dem Buch sowie Hitlers Reden und anderen Zeugnissen ablesen: Erstens war er geradezu besessen von dem Gedanken, die Juden seien als Volk weltweit verantwortlich für alles Übel. Daraus folgte für ihn, zweitens, die Notwendigkeit, sie loszuwerden. Auch wenn ihm offensichtlich zu diesem Zeitpunkt noch kein Plan vorschwebte, wie dies zu geschehen habe, schloss er drittens eine gewaltsame Lösung nicht aus. Die physische Gewalt bis hin zum Mord stellte vielmehr ein Instrumentarium dar, dessen Anwendung er zur Bekämpfung seiner Gegner an verschiedenen Stellen propagierte.[8]

Die Deutschen und die »Judenfrage«

Kehrt man zu den beiden Ausgangsfragen zurück, warum ausgerechnet die Juden zur Zielgruppe des Holocaust wurden, und warum die Massenvernichtung ausgerechnet von Deutschland ausging, so wird klar, dass beide Aspekte eine lange Vorgeschichte haben, aus der sich zwar keine Zwangsläufigkeit, wohl aber ein Erklärungsmuster ergibt. Die Ablehnung der Juden entsprang einer 2000 Jahre alten Feindschaft zwischen Christen und Juden, die sich im Mittelalter zu einem Antagonismus entwickelt hatte, der weit über religiöse Gründe hinausging und durch die Rassentheorie noch einen pseudo-wissenschaftlichen Überbau erhielt. Spätestens seitdem Aufklärer sich Gedanken darüber machten, wie sich die soziale Situation der Juden verbessern ließe, existierte eine »Judenfrage«, und das über das gesamte 19. Jahrhundert verschleppte Zugeständnis der vollen Gleichberechtigung hielt diese Frage am Leben. Gleiches galt für die mangelnde Bereitschaft, das »Anderssein« der Juden zu akzeptieren, und die Forderung nach Aufgabe aller jüdischen Besonderheiten in Kultur und Lebensform. Das Fortbestehen der »Judenfrage« rückte die Juden in den Fokus der öffentlichen Aufmerksamkeit. Deswegen fanden die Gegner der Moderne in ihnen eine willkommene Projektionsfläche ihres Hasses. In ihnen sahen sie die Schuldigen an jeder militärischen, gesellschaftlichen und wirtschaftlichen Fehlentwicklung. Als Hitler mit seiner antisemitischen Wahnidee an die Öffentlichkeit trat, erhielt er bei weitem nicht nur Zustimmung. Aber selbst diejenigen, die seinen Vorstellungen nur Abscheu entgegenbrachten, wussten, was er meinte, wenn er von der »Judenfrage« sprach.

Der Judenhass war nicht auf Deutschland beschränkt. Allerdings war »die Judenfrage« nirgendwo in Europa zu Beginn des 19. Jahrhunderts so virulent. In keinem anderen Territorium Westeuropas lebten so viele Juden wie in den deutschsprachigen Ländern. Eine höhere Konzentration von Juden gab es nur noch im russischen Zarenreich, namentlich in den ehemals polnischen Gebieten. Dort aber lebte die übergroße Mehrheit der Bevölkerung – sowohl Juden als auch Nichtjuden – in Unfreiheit, eine Verfassung gab es nicht, ebenso wenig eine breite konstitutionelle Strömung. Die Einstellung zu den Juden war weiterhin von den religiösen und kulturellen Unterschieden geprägt. Wohl gab es Antisemitismus, aber eine wirkliche »Judenfrage« existierte nicht.

Ein weiterer Unterschied zu den westeuropäischen Ländern bestand im Begriff der Nation, der für das 19. Jahrhundert so große Bedeutung erhalten sollte. Anders als in Frankreich wurde die Nation in Deutschland nicht durch das Bekenntnis zur Verfassung, sondern durch die Zugehörigkeit zum deutschen Volk definiert. Die Unklarheit dieser Definition war der Grund für die verbreitete Akzeptanz der Rassentheorie. Nirgendwo sonst erfuhr der rassisch geprägte Antisemitismus eine solche Verbreitung wie im Deutschen Reich und in Österreich. Das Fatale daran war, dass damit eine »Lösung der Judenfrage« über den Weg der Taufe und Assimilation versperrt war.

Dennoch war Deutschland um die Wende vom 19. zum 20. Jahrhundert nicht judenfeindlicher als andere Länder auch – eine Dreyfus-Affäre wie in Frankreich hat es beispielsweise im Kaiserreich nicht gegeben. Erst die Niederlage im Ersten Weltkrieg und die von den meisten Deutschen als ungerecht empfundenen Friedensbedingungen von Versailles verschärften den Antisemitismus in bis dato unbekanntem Ausmaße. Dennoch war auch die Weimarer Gesellschaft nicht einheitlich antisemitisch, ganz zu schweigen davon, dass sie von der Vorstellung beseelt gewesen wäre, sämtliche Juden in Deutschland, ja Europa umzubringen. Die Enttäuschung über die Kriegsniederlage und die neue politische Ordnung, vor allem aber über die Weltwirtschaftskrise, veranlasste viele Wähler, Hitler ihre Stimme zu geben. Dies war der entscheidende Schritt zum Massenmord, denn ohne Hitlers »Machtergreifung« hätte es den Holocaust nicht gegeben.

3 Die Verfolgung der Juden bis 1939

Mit dem Boykott jüdischer Geschäfte begann am 1. April 1933 die Ausgrenzung der deutschen Juden.

Am 30. Januar 1933 war Hitler am Ziel seiner Träume: Reichspräsident Paul von Hindenburg hatte ihn zum Reichskanzler ernannt. Er stand einem Kabinett vor, das sich im Wesentlichen aus rechtskonservativen Ministern zusammensetzte, die sich der Illusion hingaben, Hitler und seine NSDAP beherrschen zu können. Schon bald zeigte sich jedoch, dass dies ein Irrtum war und Hitler nicht daran dachte, sich dem Willen anderer unterzuordnen. Zunächst aber musste er seine Macht sichern und ausbauen. Dementsprechend richteten sich seine ersten Maßnahmen auch nicht gegen die Juden, sondern gegen seine politischen Gegner.

Unter den Mitgliedern der NSDAP aber rumorte es. Der Kampf gegen »das Judentum« war für die meisten von ihnen der zentrale Punkt ihrer Weltanschauung. Nun, da sie an der Macht waren, wollten sie diesen Kampf auch führen. Und so scheint es ein Zugeständnis an die Parteibasis gewesen zu sein, dass Hitler seinen Propagandaminister Joseph Goebbels Ende März mit der Organisation eines landesweiten Boykotts jüdischer Geschäfte beauftragte. Zugleich spiegelten sich jedoch zwei andere Absichten in diesem Auftrag wider: Einerseits wollte Hitler die Partei und die schlagkräftigen Truppen der SA nicht gegen sich aufbringen – zumal mit den Gewerkschaften, der SPD und den bürgerlichen Parteien weiterhin Organisationen politischer Gegner existierten –, andererseits war er aber auch nicht daran interessiert, dass die Aktionen der NSDAP eine Eigendynamik entwickelten, die nur noch schwer zu kontrollieren gewesen wäre und zudem die Unterstützung der Partei in den bürgerlichen Schichten gefährdet hätte. Die zentrale Organisation der Proteste sollte beide Ziele vereinen.

Am 1. April standen landesweit vor fast allen jüdischen Geschäften SA-Männer, die auf großen Schildern die Bevölkerung dazu aufforderten, nicht »beim Juden« zu kaufen. Kunden, die diese Läden dennoch betreten wollten, wurden beschimpft, bedroht und teilweise sogar mit Gewalt davon abgehalten. Jüdische Geschäftsleute wurden beleidigt, gedemütigt und geschlagen. Offiziell begründeten die Nationalsozialisten den Boykott mit Protesten ausländischer Presseorgane – hinter der sie das von ihnen verabscheute »internationale Judentum« vermuteten. Anders als gehofft, zeigte sich die Mehrheit der Deutschen allerdings entsetzt über das Vorgehen. Nicht wenige kauften an diesen Tagen demonstrativ in jüdischen Geschäften ein oder besuchten jüdische Ärzte. Am 4. April brach die NS-Führung den Boykott schließlich ab. Das Ziel, die SA und die Parteibasis zufrieden zu stellen, hatte Hitler dennoch erreicht. Die Empörung der Bevölkerung bot ihm überdies die Möglichkeit, sich als Bewahrer von Recht und Ordnung zu gerieren. Statt weiter auf die Gewalt der Straße zu setzen, wurde die Entrechtung der Juden nun mit den Mitteln der Gesetzgebung und damit auf äußerlich zivilisierte Weise betrieben.[1]

Die erste antijüdische Gesetzesinitiative war das »Gesetz zur Wiederherstellung des Berufsbeamtentums«. Hinter diesem irreführenden Titel verbarg sich in Wahrheit ein umfassendes Berufsverbot für Juden im öffentlichen Dienst. Ausnahmen galten auf Druck Hindenburgs für jüdische Frontsoldaten sowie für die Väter und Söhne von Gefallenen des Weltkrieges, die übrigen wurden entlassen. Insgesamt waren rund fünftausend jüdische Beamten betroffen. Unmittelbar auf die Verabschiedung dieses Gesetzes folgten weitere: Am 7. April wurde jüdischen Rechtsanwälten die Zulassung entzogen, am 25. April der Zugang zu den Hochschulen erheblich eingeschränkt. Seit dem 22. April durften jüdische Ärzte nicht mehr für Krankenkassen arbeiten. Der nächste Schritt war die Verdrängung der Juden aus dem Kulturbetrieb. Die Mitgliedschaft in der von Goebbels im September 1933 eingerichteten Reichskulturkammer war jüdischen Schriftstellern, Regisseuren und Schauspielern verwehrt; im selben Monat wurde auch jüdischen Journalisten die Ausübung ihres Berufes verboten. Jüdische Bauern wurden enteignet und durften kein eigenes Land mehr besitzen.

Auch eine andere Anhängergruppe galt es aus Sicht der Nationalsozialisten zufrieden zu stellen: die Studenten. Schon in der Weimarer Zeit hatte die völkische und nationalsozialistische Bewegung hier großen Zuspruch erfahren, der radikale Antisemitismus war unter jungen Akademikern verbreitet wie in kaum einer anderen Schicht. Nach der Machtergreifung kam es zu tätlichen Angriffen auf jüdische Professoren, Studenten forderten ihre Entlassung und verlangten, sie sollten fortan nur noch auf Hebräisch publizieren dürfen. Mit der öffentlichen Verbrennung von Büchern jüdischer und anderer unliebsamer Autoren am 10. Mai 1933 übernahm Goebbels auch hier die Initiative und lenkte den Protest in staatlich kontrollierte Bahnen. Es folgten legislative Schritte, die jüdische Hochschullehrer nach und nach aus ihrem Beruf verdrängten.

Zur Umsetzung all dieser Verordnungen war es erforderlich festzustellen, wer überhaupt Jude war. Infolge dessen mussten zum Beispiel sämtliche Beamten einen »Ariernachweis« führen, um zu belegen, dass nicht nur sie selbst, sondern auch ihre Vorfahren keine Juden gewesen waren. Die Signale, die mit diesen Vorschriften ausgesendet wurden, waren eindeutig und wurden verstanden: Bereits in den ersten Monaten entließen viele private Geschäftsleute ihre jüdischen Angestellten. Die zahlreichen Boykottbemühungen des Regimes gegen jüdische Anwälte scheinen hingegen von geringerem Erfolg gekrönt gewesen zu sein, fast 60 Prozent von ihnen konnten weiterhin ihre Kanzleien betreiben. Grund für das unterschiedliche Verhalten war offensichtlich die personelle Situation. Die Unternehmen fanden angesichts der immer noch bestehenden Massenarbeitslosigkeit im ausreichenden Maße Ersatz für ihre jüdischen Mitarbeiter, bei den hoch qualifizierten Anwälten war dies nicht so einfach möglich. Wahrscheinlich aus demselben Grund – wegen ihrer schwer ersetzbaren Kenntnisse und Fähigkeiten – beschäftigten viele Unternehmer auch weiterhin ihre jüdischen Führungskräfte. Auch jüdische Ärzte konnten noch lange Zeit weiter praktizieren, weil das Regime nicht bereit war, für die Durchsetzung seiner rassenpolitischen Ziele eine medizinische Versorgungskrise in Kauf zu nehmen.

Die gesetzlichen Maßnahmen zur Verdrängung der Juden aus dem Wirtschaftsleben wurden flankiert von anhaltender Gewalt. NS-Funktionäre vor Ort organisierten lokale Boykotte jüdischer Geschäfte; gewaltsame Übergriffe gegen Juden waren an der Tagesordnung, auch wenn sie sich nicht zu Massenveranstaltungen auswuchsen. Immer mehr jüdische Geschäftsleute sahen sich deswegen veranlasst, ihre Betriebe aufzugeben. Für die weit unter Wert verkauften Einrichtungen fanden sich überall willige Abnehmer. Auf diese Weise konnten die Machthaber nicht nur Erfolge in ihrer gegen die Juden gerichteten Politik erzielen, sondern schafften es auch, die nicht-jüdische Bevölkerung über materielle Anreize zu Komplizen zu machen.

Die Diskriminierung der Juden im öffentlichen Leben beschränkte sich indes nicht nur auf die berufliche Sphäre. Die

»Gleichschaltung« erlaubte auch Eingriffe in den Bereich der organisierten Freizeit. So wurde in den Vereinen und Verbänden der »Arierparagraph« eingeführt – vielfach aus Eigeninitiative der Mitglieder –, um jüdische Mitglieder auszuschließen. Sukzessive, aber in hohem Tempo wurden die Juden aus dem öffentlichen Leben verdrängt.[2]

Der logisch nächste Schritt musste darin bestehen, die Trennung zwischen Juden und Nicht-Juden auch auf den privaten Bereich auszudehnen. Die »deutsche Volksgemeinschaft« sollte formiert werden, und in ihr konnten die Juden keinen Platz haben. Diesem Zweck dienten die »Nürnberger Gesetze«, die am 15. September 1935 auf dem Reichsparteitag der NSDAP verkündet wurden. Mit dem ersten der beiden Gesetze, dem »Reichsbürgergesetz«, erkannte man den Juden die bürgerlichen Rechte und das Wahlrecht ab. Fortan galten sie nur noch als deutsche »Staatsbürger«, während die politischen Rechte an den Besitz der neu eingeführten »Reichsbürgerschaft« gebunden waren. Damit waren die Juden nun auch de jure zu Bürgern zweiter Klasse degradiert worden, nachdem die zahlreichen Berufsverbote und alltäglichen Diskriminierungen diesen Schritt schon lange vorbereitet hatten. Am 14. November 1935 definierte eine ergänzende Verordnung penibel, wer fortan als Jude gelten sollte und wer nicht. Demnach war »Volljude«, wer sich entweder der jüdischen Religionsgemeinschaft zugehörig fühlte oder von mindestens drei Großeltern abstammte, die dies getan hatten. Bei zwei jüdischen Großeltern reichte es aus, mit einem Juden verheiratet zu sein, um zum »Volljuden« abgestempelt zu werden. Bereits diese Definition offenbart die Absurdität des nationalsozialistischen Antisemitismus, der das Judentum als Rasse und nicht als Religion auffasste.

Noch einschneidender waren die Folgen des zweiten in Nürnberg verkündeten Gesetzes. Das »Gesetz zum Schutz des deutschen Blutes und der deutschen Ehe« stellte Eheschließung und außereheliche sexuelle Beziehungen zwischen Juden und »Deutschen« unter Strafe, »deutsche« Dienstboten unter 45 Jahren durften nicht mehr in jüdischen Haushalten beschäftigt werden. Auch wenn dieses Gesetz auf den ersten Blick gegen die Juden gerichtet war, traf es sämtliche Bewohner des Deutschen Reiches. Von nun an war der Kontakt zwischen Juden und Nichtjuden streng reglementiert. Der nationalsozialistische Staat maßte sich sogar Verfügungsgewalt über das Intimleben seiner Bürger an; das Verbot außerehelicher Beziehungen öffnete Spekulationen Tür und Tor, schon ein rein freundschaftliches Verhältnis zwischen Juden und Nichtjuden unterschiedlichen Geschlechts trug den Geruch der »Rassenschande«. SA und Hitlerjugend nutzten dieses neue Instrumentarium weidlich aus, um so genannte »Judenfreunde« zu terrorisieren. »Rassenschänder« wurden mit diffamierenden Schildern um den Hals durch die Straßen getrieben und öffentlich an den Pranger gestellt, daneben kam es auch zur juristischen Verfolgung. Bis 1940 wurden über 2000 Personen wegen »Rassenschande« von deutschen Gerichten verurteilt.

Bestehende »Mischehen«, das heißt Ehen zwischen Juden und Nichtjuden, waren von dem Gesetz nicht direkt betroffen. Allerdings ermöglichte eine Revision des Scheidungsrechts ab 1938 eine unkomplizierte Auflösung der Ehe aus »rassischen Gründen«. Wie hart der Schlag war, den die Nürnberger Gesetze dem deutsch-jüdischen Zusammenleben und dem über hundertjährigen Emanzipationsprozess zufügten, zeigt sich schon an der großen Zahl der existierenden »Mischehen«. So waren etwa 1932 über 60 Prozent aller von Juden geschlossenen Ehen »Mischehen« gewesen.[3]

Erzwungene Auswanderung

Das Jahr 1936 brachte eine relative Beruhigung in der Judenpolitik, was in erster Linie mit den in Deutschland stattfindenden Olympischen Spielen zusammenhing. Der Anblick diskriminierter Juden sollte nicht das Bild des um internationale Anerkennung buhlenden Reiches verdüstern. Umso heftiger war für viele Juden der Schock, als das Regime nach Ende der Spiele zu seiner alten Linie zurückkehrte, ja diese noch verschärfte. Neben den ideologisch bedingten Wunsch, die Juden aus möglichst vielen Bereichen zu verdrängen, trat zu diesem Zeitpunkt ein pragmatisches Moment. Mit der Verkündung des Vierjahresplans im September 1936 wurden die Weichen auf Aufrüstung und Kriegsvorbereitung gestellt. Um den enormen Finanzbedarf hierfür zu stillen, hatte es Hermann Göring als frisch ernannter Bevollmächtigter für den Vierjahresplan auf den Besitz der Juden abgesehen. Das wirtschaftliche Leben sollte allerdings nicht gestört werden, so dass die gewaltsame »Arisierung« jüdischen Besitzes als Möglichkeit ausfiel. Insbesondere der Reichsfinanzminister und Direktor der Reichsbank, Hjalmar Schacht, sprach sich wiederholt gegen derartige Maßnahmen aus. Die Angst, den Handel mit dem Ausland und damit die Versorgung mit wichtigen Rohstoffen durch ein solches antijüdisches Vorgehen zu gefährden, tat ein Übriges.

Wünschenswert erschien es dagegen, die Juden unter Zurücklassung ihres Vermögens zur Auswanderung zu zwingen. Eine ideale Möglichkeit hierzu bot die »Reichsfluchtsteuer«, die bereits unter Reichskanzler Heinrich Brüning eingeführt worden war, um den Kapitalabfluss aus Deutschland zu unterbinden, und die nun in den Händen der Nationalsozialisten zum wirkungsvollen Instrument wurde, um auswandernde Juden ihres Vermögens zu berauben. Nach der veränderten Regelung musste von sämtlichen Vermögen ab 50 000 Reichsmark ein Viertel an den Fiskus abgeführt werden. Zusammen mit einem willkürlichen Umtauschkurs beim Ankauf von Devisen der Ausreisenden sowie einer ungünstigen Taxierung ihres Sachvermögens führte die Steuer dazu, dass große Teile jüdischen Besitzes in die Hände des Staates gelangten.

Neben dem wirtschaftlichen Aspekt bot die Auswanderung dem Regime einen weiteren Vorteil: Sie stellte ein probates Mittel auf dem Weg zu einem »judenfreien« Deutschland dar. Bereits 1933 hatten infolge der nationalsozialistischen Politik rund 37 000 Juden ihrer Heimat den Rücken gekehrt. In den folgenden Jahren sank die Zahl der Emigrationen zwar, blieb aber insgesamt auf einem hohen Niveau. Bis Ende 1936 verließen unter dem Druck des nationalsozialistischen Terrors weit über 100 000 Juden Deutschland. Das hieß auf der anderen Seite jedoch auch, dass die überwiegende Mehrheit der etwa 500 000 Juden, die am Ende der Weimarer Republik im Deutschen Reich gelebt hatten, dort auch geblieben war. Die Gründe waren unterschiedlich: Viele glaubten nicht, dass die Maßnahmen der Nationalsozialisten über Entrechtung und Diskriminierung hinausgehen würden, andere hatten immer noch die Hoffnung auf ein baldiges Ende der braunen Diktatur. Auch waren die Aussichten im Ausland nicht besonders verlockend. Viele Länder weigerten sich, deutschen Juden Asyl zu gewähren, und vor allem ältere Juden fürchteten, fernab ihrer Heimat nicht mehr Fuß fassen zu können. Nicht zuletzt verminderten die Nationalsozialisten selbst durch ihre Wirtschaftspolitik die Bereitschaft zur Auswanderung. Indem sie einen Großteil des Vermögens der Emigranten beschlagnahmten, nahmen sie weniger wohlhabenden Juden die Aussicht, sich im Ausland eine neue Existenz aufzubauen.

Zugleich war die Auswanderung *aller* Juden aus Deutschland spätestens 1936 von Hitler zum offiziellen Ziel der NS-Politik erhoben worden. Um folglich weitere Juden zur Auswanderung zu bewegen, verstärkten die Nationalsozialisten den Druck. Systematisch wurden Juden auch noch aus den letzten wirtschaftlichen Positionen verdrängt; in erster Linie betraf das den Handel. Insbesondere auf den Dörfern, wo »arische« Bauern weiterhin mit jüdischen Viehhändlern ihre Geschäfte machten, wurden die Boykottmaßnahmen intensiviert und zentralisiert. Mit unverhohlenen Drohungen sollten auch die letzten »Uneinsichtigen« von ihrem Verhalten abgebracht werden. Jüdische Geschäfte wurden beobachtet und dort kaufende »Arier« denunziert. Waren derartige Maßnahmen seit der »Machtergreifung« ohnehin nichts Ungewöhnliches gewesen, so bekamen sie nun einen immer systematischeren Charakter. Nicht mehr nur lokale Parteifunktionäre trieben diese Art der wirtschaftlichen Diskriminierung voran, verstärkt geschah dies nun auf Druck der Berliner Zentrale.

Seit 1937 fielen weitere Schranken, die bis dato zur Mäßigung der antijüdischen Politik gezwungen hatten. Die Rücksichtnahme auf das Ausland wurde für das zum Krieg fest entschlossene und inzwischen eng mit dem faschistischen Italien verbündete Deutsche Reich zunehmend unwichtig. Im November trat Hjalmar Schacht als Wirtschaftsminister zurück und konnte nun nicht mehr sein Veto gegen die gewaltsame Verdrängung der Juden aus dem Wirtschaftsleben einlegen. Durch die weitgehende Konsolidierung der Wirtschaft hatte dieses Argument zudem an Überzeugungskraft verloren. Aus den meisten und wichtigsten Positionen waren die Juden bereits schrittweise entfernt worden. Die Ausschaltung der verbliebenen ließ nun keine negativen Folgen für die Volkswirtschaft mehr erwarten. Infolgedessen brachte das Jahr 1938 eine weitere Verschärfung der antijüdischen Wirtschaftsbestimmungen. Immer weitere Tätigkeiten wurden den Juden untersagt, ab Herbst war auch jüdischen Ärzten die Ausübung ihres Berufes verboten. Der Druck auf jüdische Betriebe wurde erhöht und zwang zahlreiche jüdische Kleinunternehmer zur Aufgabe. Um die Zahl der Auswanderer zu erhöhen, wurden über 2000 Juden wegen Bagatelldelikten verhaftet und in Konzentrationslager verbracht. Bekundeten sie ihre Bereitschaft, Deutschland zu verlassen, konnten sie mit ihrer Freilassung rechnen, andernfalls blieben sie in Haft.[4]

Der »Anschluss« Österreichs

Als am 12. März 1938 deutsche Truppen in Österreich einmarschierten, setzte dies auch eine bis dahin unbekannte Dynamik in der Judenpolitik frei. Österreichische Nationalsozialisten, die bisher in der Illegalität gelebt hatten, sahen nun ihre Stunde gekommen und veranstalteten regelrechte Judenhatzen auf offener Straße. Schnell sprangen ihnen auch ihre deutschen Parteifreunde bei. Unter dem Gejohle der Umstehenden mussten Wiener Juden die Straßen und Bürgersteige reinigen, jüdische Wohnungen und Geschäfte wurden geplündert, teilweise sogar unter Beteiligung der Gestapo. Abgesehen von derartigen mehr oder minder spontan ablaufenden Schikanen und Gewaltausbrüchen wurden nun auch die 183 000 österreichischen Juden in die deutsche judenfeindliche Politik mit einbezogen. Innerhalb kürzester Zeit dehnte man sämtliche Einschränkungen, die das Leben der Juden in Deutschland seit 1933 erfahren hatte, auf Österreich aus. Der besondere Schwerpunkt der Maßnahmen lag auf der Verdrängung der Juden aus dem Wirtschaftsleben sowie ihrer Enteignung zugunsten des deutschen Staates und »arischer«, meist parteinaher, Geschäftsleute. Hierfür wurde am 18. Mai 1938 auf Befehl Görings eine Vermögensabgabestelle eingerichtet, die in den folgenden Monaten den Großteil der jüdischen Betriebe enteignete. Schnell wurde die »Arisierung« auch auf jüdische Wohnungen ausgedehnt. Bis Jahresende waren bereits zwei Drittel von ihnen neuen Besitzern übergeben worden. Eine solche Radikalität hatte die antijüdische Politik zu diesem Zeitpunkt noch nicht einmal in Deutschland erreicht.

Aber noch in einem weiteren Punkt gingen die Nationalsozialisten im neu besetzten Gebiet über die Maßnahmen im Altreich – das heißt im Deutschen Reich ohne die ihm durch den »Anschluss« einverleibten österreichischen Territorien – hinaus. Um die Auswanderung der Juden aus Österreich zu forcieren, wurde in Wien die »Zentralstelle für die jüdische Auswanderung« eingerichtet. Ihr Leiter war Adolf Eichmann, der bereits 1934 in die neu geschaffene Judenabteilung des Reinhard Heydrich unterstehenden Sicherheitsdienstes (SD) eingetreten war und sich dort schnell hochgearbeitet hatte. Sein Einsatz in Wien sollte ihn für weitere Aufgaben empfehlen. Die Zentralstelle arbeitete im Fließbandverfahren: Innerhalb kürzester Zeit händigte man den ausreisewilligen Juden die notwendigen Papiere aus und beschlagnahmte einen Großteil ihres Vermögens. Mit den

Einnahmen wurde die Auswanderung ärmerer Juden finanziert, weil man vermeiden wollte, dass diese nach der Verdrängung aus ihren ursprünglichen Berufen dem Staat zur Last fielen.[5]

Zusätzlich begannen die neuen Machthaber damit, österreichische Juden gewaltsam über die Grenzen nach Ungarn, in die Schweiz und in die Tschechoslowakei abzuschieben. Immerhin 5000 Juden traf dieses Schicksal. Ab Oktober 1938 sollten auf Befehl Himmlers zudem sämtliche noch im Land lebenden Juden in Wien konzentriert werden. Die Effekte, die die Nationalsozialisten mit diesen Mitteln erzielten, waren beachtlich: Innerhalb eines halben Jahres hatten 45000 österreichische Juden ihre Heimat verlassen, acht Monate später waren es sogar 100000. Das hieß aber auch, dass knapp die Hälfte der ursprünglich dort beheimateten Juden auch weiterhin in Österreich lebte.

Die Pogromnacht vom 9. November 1938

Im Altreich gingen die Behörden nun daran, Juden ohne deutsche Staatsbürgerschaft abzuschieben. Die größte davon betroffene Gruppe waren etwa 18000 Juden aus Polen, darunter auch die Eltern des 17-jährigen jüdischen Studenten Herschel Grynszpan. Unter dem Eindruck der Ereignisse griff er zur Pistole und verübte am Morgen des 7. November 1938 ein Attentat auf den Gesandtschaftsrat an der deutschen Botschaft in Paris, Ernst vom Rath. Dieses Attentat kam den Nationalsozialisten wie gerufen, um die Verfolgung der Juden weiter zu radikalisieren. Am Abend des 9. November 1938 fand sich Hitler wie jedes Jahr an diesem Tag im Münchener Bürgerbräukeller ein, um anlässlich seines 1923 gescheiterten Putschversuchs zu hohen Parteifunktionären zu sprechen. Den ganzen Tag über hatte er sich über den Zustand des schwer verwundeten Rath unterrichten lassen. Am Abend erreichte ihn die Todesnachricht. Er überließ es dem eifrigen Goebbels, das Startsignal zum gewalttätigen »Racheakt« zu geben. Goebbels informierte die Anwesenden vom Tod Raths und über bereits im Gang befindliche antijüdische Gewalttaten.

Dann fügte er hinzu, Hitler habe entschieden, »dass derartige Demonstrationen von der Partei weder vorzubereiten noch zu organisieren seien, soweit sie spontan entstünden, sei ihnen aber auch nicht entgegenzutreten«.[6] Seine Zuhörer verstanden diese Botschaft richtig: Sie sollten Übergriffe organisieren, sie aber nach außen so wirken lassen, als handelte es sich um spontane Äußerungen des Volkszorns.

In der Nacht vom 9. auf den 10. November 1938 brannten in zahlreichen Städten Deutschlands die Synagogen, johlende Parteileute und andere Zivilisten zogen durch die Straßen, verwüsteten jüdische Häuser und Geschäfte und verprügelten Juden. 267 jüdische Gotteshäuser wurden in dieser Pogromnacht zerstört, siebeneinhalbtausend jüdische Geschäfte verwüstet und 91 Juden ermordet. Hunderte andere setzten ihrem Leben verzweifelt selbst ein Ende, mehr als 78 000 verließen in den nächsten Monaten das Reich. Sie hatten erkannt, dass das NS-Regime nun die entscheidende Hemmschwelle überschritten hatte: Bis dahin hatte sich die Regierung offiziell immer von Gewaltakten gegen die jüdische Bevölkerung distanziert. Indem sie nun den Pogrom als »berechtigte Vergeltungsaktion« bezeichnete, nahm sie den gewaltsamen Terror gleichsam offiziell in den Instrumentenkasten ihrer Politik auf.[7]

Antijüdische Politik bis zum Kriegsbeginn

Nicht nur wegen des bis dahin unbekannten Ausmaßes offener Gewaltanwendung markierte der Novemberpogrom eine Wegmarke in der deutschen Judenpolitik. Am 12. November 1938 lud Göring ins Reichsluftfahrtministerium ein, um über das weitere Vorgehen gegen die Juden zu beraten. Nachdem man beschlossen hatte, den Juden nicht nur die Begleichung der während des Pogroms entstandenen Schäden, sondern überdies noch die Summe von einer Milliarde Reichsmark als »Sühneleistung« aufzubürden, wandten sich die Geladenen der Frage zu, was mittelfristig mit den Juden geschehen sollte. Der Chef des

Reichssicherheitshauptamtes, Reinhard Heydrich, sprach sich für eine forcierte Auswanderungspolitik nach österreichischem Vorbild aus, musste aber einräumen, dass die vollständige Abschiebung sämtlicher in Deutschland lebender Juden acht bis zehn Jahre in Anspruch nehmen würde. Das warf die Frage auf, wie in der Zwischenzeit mit den Juden zu verfahren sei. Heydrich schlug die Einführung eines Judenabzeichens vor; Göring plädierte für die Bildung von Ghettos, die Heydrich jedoch als potentielle »Schlupfwinkel für Verbrecher« ablehnte. Wenige Wochen später verwarf Hitler beide Vorschläge. An der Politik der beschleunigten Auswanderung hielt er jedoch fest. Zuvor hatte schon Göring mit seiner Bemerkung, man könne die Juden schließlich nicht verhungern lassen, klargemacht, dass an weitergehende Maßnahmen noch nicht gedacht wurde.

Das Regime ging nun daran, die bisher verfolgte Politik zu einem Abschluss zu bringen. Die bereits mit großem staatlichen Druck verfolgte »Arisierung«, also die Überführung jüdischer Betriebe in die Hände von Nichtjuden, wurde ab Ende 1938 unter Verzicht auf das Prinzip der Freiwilligkeit durchgeführt. Die wenigen noch verbliebenen jüdischen Unternehmer wurden gewaltsam zur Aufgabe ihrer Geschäfte gezwungen. Jüdische Schüler durften nicht mehr auf deutsche Schulen gehen, jüdische Autofahrer mussten ihre Führerscheine abgeben, die Regierungspräsidenten erhielten das Recht, Juden Aufenthaltsbeschränkungen aufzuerlegen, womit ein erster Schritt zur Ghettoisierung getan war. Ein weiterer Schritt war die Änderung des Mietrechts im April 1939: Von nun an konnten Vermieter ihren jüdischen Mietern grundlos kündigen. Jüdische Vermieter wiederum wurden gezwungen, jüdische Mieter aufzunehmen. So konnten die Juden in speziellen »Judenhäusern« räumlich von der übrigen Bevölkerung getrennt werden. Auch finanziell wurde die Situation der Juden weiter verschärft: Sie mussten ihre Wertgegenstände bei öffentlichen Pfandleihern deponieren und auf lokaler Ebene erlegte man ihnen zusätzliche Steuern und Abgaben auf.

Über 25000 Juden wurden in den Konzentrationslagern Sachsenhausen, Dachau und Buchenwald gefoltert, bis sie ihr Einverständnis erklärten, sofort nach ihrer Freilassung Deutschland zu verlassen. Noch im November wurde eine Auswanderungsbehörde nach österreichischem Vorbild eingerichtet. Göring, dem Hitler die Federführung in der »Judenpolitik« übertragen hatte, ließ Arbeitskolonnen aus arbeitslosen Juden aufstellen. Sie sollten sowohl in privaten als auch in öffentlichen Unternehmen als Zwangsarbeiter eingesetzt werden, wobei auf ihre strikte Trennung von der »arischen« Belegschaft geachtet werden sollte.

Dass es trotz dieses massiven Drucks nicht gelang, die Zahl der auswandernden Juden deutlich zu erhöhen, lag vor allem daran, dass nur wenige Staaten zur Aufnahme von Flüchtlingen aus dem Deutschen Reich bereit waren. Als Reaktion auf die rigorose Vertreibungspolitik in Österreich hatte der amerikanische Präsident Franklin D. Roosevelt im Juli 1938 zu einer internationalen Konferenz im französischen Evian eingeladen. Zusammen mit den Vertretern von 32 Nationen wollte er über das Schicksal der Juden aus Deutschland und Österreich beraten. Das Ergebnis war niederschmetternd: Kein Land erklärte sich zu einer generellen Aufnahme der Flüchtlinge bereit, im Gegenteil.[8] Im Herbst 1938 schlossen Frankreich und die Niederlande ihre Grenzen für weitere Exilanten. Auch Schweden und Dänemark verschärften die Einwanderungsregeln. Die britische Regierung schob der weiteren Einwanderung deutscher Juden nach Palästina im Frühjahr 1939 einen Riegel vor, und auch die USA selbst zeigten sich immer abweisender. Lediglich Japan bot im Dezember 1938 durch die Öffnung des besetzten Shanghai eine neue Fluchtmöglichkeit, die in den letzten Monaten vor Ausbruch des Zweiten Weltkrieges von immerhin 14000 deutschen Juden genutzt wurde.

Die verzweifelte Lage deutscher Juden verdeutlicht die Irrfahrt der *St. Louis*. Wenige Monate vor Kriegsausbruch hatten 936 deutsche Juden versucht, an Bord dieses Schiffes nach Kuba zu emigrieren, wo ihnen jedoch die Einreise verweigert wurde.

Vergeblich steuerten sie daraufhin Häfen in den Vereinigten Staaten, in Belgien, Frankreich und Großbritannien an – überall wurden sie abgewiesen. Schließlich mussten die Verzweifelten nach Deutschland zurückkehren. Die meisten von ihnen dürften die zweieinhalb Jahre später einsetzende »Endlösung« nicht überlebt haben.[9]

Unheilvolle Ankündigungen

Zur selben Zeit, als die Judenpolitik drastisch verschärft wurde, radikalisierte sich auch Hitlers judenfeindliche Rhetorik immer mehr. Im Herbst 1938 erwähnte er mehrfach seinen Plan, die Juden in ein fernes Land abzuschieben, wobei er offensichtlich sämtliche Juden in Europa meinte. Im Januar 1939 sprach er gegenüber dem tschechischen Außenminister František Chvalkovsky erstmals vom Tod der Juden, offensichtlich aber ohne dabei einen festen Plan zu verfolgen. Wenige Tage später, am 30. Januar 1939, kulminierten Hitlers antisemitische Tiraden, als er im Reichstag verkündete: »Ich will heute wieder ein Prophet sein: Wenn es dem internationalen Finanzjudentum in und außerhalb Europas gelingen sollte, die Völker noch einmal in einen Weltkrieg zu stürzen, dann wird das Ergebnis nicht die Bolschewisierung der Erde und damit der Sieg des Judentums sein, sondern die Vernichtung der jüdischen Rasse in Europa.«[10] An der konkreten Politik änderte diese Rhetorik nichts. Weiterhin blieb die Auswanderung Mittel der Wahl zur »Lösung der Judenfrage«. Hitlers Äußerungen, die von ähnlichen Überlegungen Görings, Himmlers und des SS-Organs »Das schwarze Korps« flankiert wurden, deuten jedoch auf weitergehende Überlegungen hin: Sollten die bisher ergriffenen Maßnahmen sich als unzureichend erweisen, würde die nationalsozialistische Führung offensichtlich auch vor dem Äußersten nicht zurückschrecken.

Insgesamt war die Vorkriegspolitik des Nationalsozialismus von einer immer radikaler werdenden Entrechtung der im Deutschen Reich lebenden Juden geprägt. Viele sahen sich gezwungen, ihrer Heimat den Rücken zu kehren und in der Emigration ein besseres Leben zu suchen. Damit taten sie offensichtlich genau das, was die Nationalsozialisten wünschten: Die Juden sollten nicht nur von der übrigen Bevölkerung abgesondert werden, sondern am besten Deutschland verlassen. Beide Ziele, Segregation und erzwungene Emigration, verfolgte das Regime bis zum Krieg. Zahllose Personen und Institutionen erarbeiteten immer weitergehende Vorschläge, wie mit den Juden zu verfahren sei. Hitlers Rolle bestand im Wesentlichen darin, aus diesen Vorschlägen zu einem ihm genehmen Zeitpunkt den »richtigen« auszuwählen. So hatte es schon 1933 Überlegungen gegeben, den Juden die staatsbürgerlichen Rechte abzuerkennen, aber erst zwei Jahre später entschied sich der »Führer« im Rahmen der Nürnberger Gesetze für eine entsprechende Regelung. Allerdings zeigte sich Hitler zu Zugeständnissen in der »Judenfrage« bereit, um auf die öffentliche Meinung, das Ausland und die Belange der deutschen Wirtschaft, vor allem ihrer kriegsrelevanten Teile, Rücksicht zu nehmen. Auf Phasen der Radikalisierung folgten häufig solche der relativen Ruhe. Mit der Zeit fielen diese Restriktionen jedoch sukzessive weg, der Druck auf die Juden wurde immer stärker. Viele suchten ihr Heil in der Emigration, bis zum Beginn des Zweiten Weltkrieges waren allein aus dem Altreich rund 250 000 Juden ausgewandert. Geblieben waren etwa 200 000, darunter vor allem Ältere. Sie waren aus ihren wirtschaftlichen Stellungen verdrängt und lebten verarmt und von der übrigen Bevölkerung isoliert. Wegen ihres hohen Alters, der fehlenden materiellen Mittel und nicht zuletzt des beginnenden Krieges war ihnen die Möglichkeit zur Emigration genommen. Das Instrumentarium administrativer und wirtschaftlicher Verschärfung schien erschöpft zu sein, ohne dass Hitler sein 1919 programmatisch verkündetes Ziel – »die Entfernung der Juden überhaupt« – erreicht hatte.

4 Die Radikalisierung der Judenverfolgung

Der Bau von Ghettos – wie hier in Warschau – markierte eine neue Phase im Umgang mit den Juden.

In den frühen Morgenstunden des 1. September 1939 überfiel das Deutsche Reich Polen. Zwei Tage später erklärten England und Frankreich Deutschland den Krieg, griffen aber selbst nicht aktiv in das Geschehen auf dem östlichen Kriegsschauplatz ein. Das tat dafür die Sowjetunion, die bereits am 23. August einen Nichtangriffspakt mit Deutschland geschlossen hatte und die Aufteilung Ostmitteleuropas zwischen beiden Mächten anstrebte. Militärisch hatte Polen der hochgerüsteten deutschen Wehrmacht wenig entgegenzusetzen, das Eingreifen der Roten Armee am 17. September verschärfte die Lage weiter. Zehn Tage später kapitulierte das Land. Die Sowjetunion besetzte den östlichen, das Deutsche Reich den westlichen Landesteil. Wenige Wochen später wurde das deutsch besetzte Territorium administrativ neu gegliedert. Während die ehemals deutschen

Gebiete um Danzig, Posen und Oberschlesien als »Gaue« Danzig-Westpreußen, Wartheland und Oberschlesien dem Reich zugeschlagen wurden, blieb Zentralpolen formal besetztes Gebiet, das nun als »Generalgouvernement« bezeichnet wurde. An seiner Spitze stand als Generalgouverneur Hans Frank, ein Nationalsozialist der ersten Stunde.[1]

Mit dem Sieg über Polen hatte sich mit einen Schlag die Zahl der unter NS-Herrschaft lebenden Juden um etwa 1,8 Millionen erhöht (von den ursprünglich weit über zwei Millionen Juden waren rund 300 000 in das sowjetische Besatzungsgebiet geflohen), gleichzeitig war das bisher verfolgte Konzept zur »Lösung der Judenfrage«, die Auswanderung, obsolet geworden: Mit der Kriegserklärung hatten sich die Grenzen nach Frankreich und Großbritannien geschlossen, die englische Seeblockade unterband die Auswanderung nach Übersee. Zugleich waren durch den Krieg aber auch die Beschränkungen weggefallen, die sich die NS-Führung bis dato aus Rücksicht auf das Ausland auferlegt hatte. Fernab der Heimat musste sie auch keine ablehnenden Reaktionen der deutschen Bevölkerung fürchten, zumal der Krieg einen Rahmen bot, mit dem sich brutales Verhalten leichter erklären ließ als in einer Friedensgesellschaft. Nicht zuletzt dürfte auch die Begegnung mit den äußerlich klar erkennbaren »Ostjuden« eher geeignet gewesen sein, die Soldaten an die von der Propaganda gezeichneten antisemitischen Stereotype glauben zu lassen, als die assimilierten Juden, die sie von zu Hause kannten. Die NS-Aktivisten konnten unter diesen Voraussetzungen nach ungleich brutaleren Möglichkeiten zur »Lösung der Judenfrage« suchen, als in den sechs Jahren zuvor.

Auf viele Wehrmachtsoldaten wirkten die im Vergleich zu Deutschland ärmlichen polnischen Dörfer wie eine Bestätigung der existierenden antipolnischen Klischees. Berichte über angebliche und tatsächliche Gewalttaten von Polen gegen »Volksdeutsche« sowie die grassierende Angst vor einem polnischen Partisanenkrieg, führten bereits in den ersten Tagen und Wochen des Krieges zu zahlreichen Kriegsverbrechen. Ganze Dörfer wurden niedergebrannt, Zivilisten erschossen oder gedemütigt. Dabei wurden besonders Juden – die an ihrer traditionellen Haar- und Barttracht sowie an ihrer Kleidung leicht als solche zu erkennen waren – Opfer der Übergriffe. Allerdings gab es, wenn auch häufig halbherzige, Versuche der militärischen Führung, dagegen vorzugehen und die Disziplin auch durch Verhängung drakonischer Strafen wiederherzustellen. Diese Versuche scheiterten aber letztendlich an den anders lautenden Vorstellungen Hitlers. Wesentlich systematischer als die Wehrmacht gingen die Heydrich direkt unterstellten Einheiten gegen die polnische Zivilbevölkerung vor. Auf seinen Befehl wurden zunächst fünf Einsatzgruppen aufgestellt, später sollte ihre Zahl auf sieben anwachsen. Die Aufgabe der rund zweitausend in ihren Reihen versammelten SS-Leute bestand in der »Bekämpfung aller reichs- und deutschfeindlichen Elemente in Feindesland rückwärts der fechtenden Truppe«. Dass mit dieser bewusst vage gehaltenen Formulierung zu einem nicht unbeträchtlichen Teil Juden gemeint waren, verdeutlichte Heydrich bei einem Treffen mit dem Leiter der 6. Abteilung beim Generalstab des Heeres, Oberst Eduard Wagner, am 18. September 1939: »Flurbereinigung: Judentum, Intelligenz, Geistlichkeit, Adel«.[2] Mehrheitlich waren die Opfer dieser »Flurbereinigung«, die sich bis Ende des Jahres auf etwa 50000 summierten, jedoch Polen und keine Juden, denn wie nach der Machtergreifung in Deutschland ging es den Nationalsozialisten auch diesmal darum, zunächst diejenigen auszuschalten, von denen die größte politische Gefahr ausging. Und das waren selbst in den Augen der Nationalsozialisten die Funktionseliten des besetzten polnischen Staates und nicht pauschal die Juden, wie sie in ihrer Propaganda behaupteten.

Darüber, wie das »Judenproblem« gelöst werden sollte, hatten sich die NS-Oberen jedoch auch bereits Gedanken gemacht. Da die Möglichkeit der Auswanderung weggefallen war, verfielen sie auf die Idee, die Juden gewaltsam abzuschieben, ohne dass sie vorläufig die Frage beantworten konnten, wohin. Unter Bezugnahme auf eine Anordnung Hitlers erklärte Heydrich, zunächst sollten sämtliche Juden im eroberten Territorium in wenigen Städten konzentriert werden, aus dem Reich und den ihm eingegliederten Gebieten sollten sie, wenn möglich, ganz verschwinden. Seinen Ausführungen stellte er die Erklärung voran, dass es sich bei den angeordneten Maßnahmen nur um die ersten Schritte auf dem Weg zu einem streng geheim zu haltenden »Endziel, welches längere Fristen beansprucht« handele. Es ist nicht auszuschließen, dass Heydrich dabei bereits die gewaltsame Beseitigung der Juden im Auge hatte. Zumindest deuten Aussagen verschiedener hoher NS-Funktionäre auf die Bereitschaft zu einer physischen Dezimierung der polnischen Juden hin. Generalgouverneur Hans Frank etwa erläuterte gegenüber Untergebenen im November 1939: »Der Winter wird ein harter Winter werden. Wenn es kein Brot gibt für Polen, soll man nicht mit Klagen kommen. [...] Bei den Juden nicht viel Federlesens. Eine Freude, endlich einmal die jüdische Rasse körperlich angehen zu können. Je mehr sterben, umso besser; ihn [sic!] zu treffen, ist ein Sieg unseres Reiches.«[3]

In den ergriffenen Maßnahmen schlugen sich derartige Überlegungen jedoch nicht nieder. Zunächst sollten die Juden aus dem vergrößerten Deutschen Reich im Generalgouvernement angesiedelt werden. Später wollte man sie zusammen mit den übrigen dort lebenden Juden weiter in einen »Judenstaat unter deutscher Verwaltung« an der Ostgrenze des besetzten Polens verschieben. Zu diesem Zweck befahl Heydrich ihre konzentrierte Ansiedlung in einigen wenigen Städten mit Eisenbahnanschluss. Zudem sollte durch die Einrichtung von Ghettos und die Einführung eines Juden-Kennzeichens sichergestellt werden, dass sie für eine spätere Abschiebung leicht greifbar wären. Vollständig umgesetzt wurde von diesen Vorschlägen nur die Kennzeichnungspflicht. Mitte November ordnete Frank das Tragen einer weiß-blauen Armbinde mit dem Davidstern für alle Juden über zehn Jahren verbindlich an. Auch die Deportationspolitik wurde zügig angegangen, kollidierte jedoch schon bald mit anderen politischen Zielvorgaben.[4]

Die ersten Deportationen: Der Nisko-Plan

Bereits während des kurzen Krieges gegen Polen hatten Wehrmacht und Gestapo mit der Abschiebung von 70 000 bis 80 000 Juden aus dem Gebiet Kattowitz und Mährisch-Ostrau begonnen. Am 6. Oktober 1939 beauftragte der Chef der Gestapo, Heinrich Müller, Adolf Eichmann damit, die Fortsetzung dieser beiden Aktionen vorzubereiten. Eichmann, dessen ursprüngliche Betätigung als Leiter der »Zentralstelle für jüdische Auswanderung« mit Kriegsbeginn überflüssig geworden war, witterte in diesem Auftrag seine Chance. Eine eigenständige Umsetzung der von Heydrich geforderten Abschiebung der Juden ins Generalgouvernement schien ihm ein geeigneter Weg zu sein, um sich für höhere Aufgaben zu empfehlen. Dementsprechend weitete er die Zahl der zu deportierenden Juden drastisch aus. Neben der Deportation von 4 000 Juden aus den von Müller bezeichneten Gebieten wollte Eichmann wöchentlich 2 000 Juden aus Wien abtransportieren lassen.

Eichmann wählte das am San gelegene Nisko-Gebiet als Ort für ein »Durchgangslager« aus, offenbar als Ausgangspunkt für eine spätere Abschiebung in den von Heydrich erwähnten »Judenstaat«. Die ersten 4 700 Juden wurden zwischen dem 20. und 28. Oktober nach Nisko deportiert. Ein Teil von ihnen wurde zum Aufbau des Lagers eingesetzt, die übrigen mit Gewalt verjagt. Bereits am Tag der Ankunft der ersten Deportierten verbot Müller jedoch weitere Transporte »bis auf weiteres«. Der Hintergrund für diese Entscheidung war, dass Hitler am 7. Oktober Heinrich Himmler zum »Volkskommissar zur Festigung des deutschen Volkstums« ernannt und ihm die Aufgabe übertragen hatte, die Angehörigen der deutschen Minderheit in der sowjetischen Einflusssphäre Osteuropas ins Reich zu holen. Für die noch im Oktober beginnende Umsiedlung der Deutschbalten wurden die Transportkapazitäten benötigt, die Eichmann für die Judendeportationen eingeplant hatte.

Der Nisko-Plan und sein Scheitern zeigen, dass die »Lösung der Judenfrage« zu diesem Zeitpunkt noch an Dringlichkeit hinter den volkstumspolitischen Zielen zurückstand. Darüber hinaus geben sie einen Einblick in das Funktionieren der nationalsozialistischen Judenpolitik: Ohne konkrete Befehle erhalten zu haben, versuchte ein Untergebener, die Lösung für ein Problem zu entwickeln und zwar in einer Weise, von der er glaubte, dass sie dem Willen seiner Vorgesetzten entsprechen und letztendlich dem »Führer« gefallen würde. Erst als diese Lösung mit anderen Vorstellungen an höherer Stelle kollidierte, wurde sie ausgesetzt. Bezeichnenderweise wurde Eichmann für sein eigenmächtiges Verhalten nicht gerügt. Vielmehr beauftragte Heydrich ihn im Dezember mit der Deportation von Polen und Juden aus den annektierten Gebieten ins Generalgouvernement. Dass Eichmann keinen Versuch unternahm, das Nisko-Projekt weiterzuverfolgen, zeigt aber auch, dass die Zentrale die Fäden immer in der Hand behielt.[5]

Nah-, Fern- und Zwischenplan

Der Stopp des Nisko-Plans bedeutete weder das Ende der Idee eines »Judenreservats« im östlichen Generalgouvernement noch der Deportationen insgesamt. Am 17. Oktober hatte Hitler die Säuberung des Altreichs sowie der annektierten Gebiete von »Juden, Polacken und Gesindel«[6] verlangt und damit die grundsätzliche Richtung für die Behandlung von Polen und Juden skizziert, ohne indes exakte Maßnahmen zu befehlen. Dies war auch gar nicht nötig. Sein Paladin Himmler legte zwei Wochen später diensteifrig weiter gehende Richtlinien vor: Innerhalb der kommenden vier Monate sollten sämtliche Juden (er ging dabei von über einer halben Million aus) sowie besonders »deutschfeindliche« Polen aus den annektierten Gebieten ins Generalgouvernement, vorzugsweise in das Gebiet zwischen Weichsel und Bug, deportiert werden. Langfristig sollten ihnen weitere fünfeinhalb Millionen Polen sowie alle Juden aus dem Altreich, Österreich, Böhmen und Mähren folgen. Im Generalgouvernement sollten eine schlechte medizinische Versorgung,

Geburtenkontrolle und die Förderung der Homosexualität für ihre weitere Dezimierung sorgen.

Auch diese Pläne kollidierten jedoch mit der Umsiedlung der »Volksdeutschen«. Um Platz für die Baltendeutschen zu schaffen, ordnete Heydrich an, bis zum 16. Dezember rund 80 000 Einheimische aus dem Warthegau – der einzigen Gegend, in der zunächst »Volksdeutsche« angesiedelt werden sollten – zu deportieren. Die Auswahl der zu Deportierenden sollte dabei in erster Linie politischen, nicht rassischen Vorgaben folgen. Polen, die als besonders gefährlich galten, sollten auf diese Weise aus dem für die Eindeutschung vorgesehenen Gebiet ausgesondert werden. Schon dies ließ sich nur schwer in die Praxis umsetzen, weil es kaum möglich war, die entsprechenden Personen zu identifizieren. Wesentlich leichter fiel es den Verantwortlichen vor Ort, Juden zu erkennen. Aus diesem Grund befanden sich unter den Deportierten anstelle von Polen überdurchschnittlich viele Juden. Dennoch waren die Pläne, die »Judenfrage« durch Umsiedlungen ins Generalgouvernement zu lösen, bis Jahresende kaum weitergekommen, zumal Gestapo-Chef Müller Mitte Dezember die Abschiebung von Juden aus dem Altreich erneut verboten hatte. Dagegen wurden die Pläne, die Juden aus den annektierten polnischen Gebieten nach Osten zu deportieren, weiterverfolgt. Besonders emsig zeigte sich dabei wiederum Eichmann, der am 19. Dezember von Heydrich zum Sonderreferenten des Amts IV (Gestapo) im Reichssicherheitshauptamt ernannt und mit der »zentralen Bearbeitung der sicherheitspolizeilichen Angelegenheiten bei der Durchführung der Räumung des Ostraums« beauftragt worden war.

Auch diese Pläne sollten sich jedoch als nicht durchsetzbar erweisen. In den ersten beiden Monaten des Jahres 1940 häuften sich die Klagen und Beschwerden über die Abschiebungen. Die Wehrmacht monierte den Abtransport von Arbeitskräften, der den Weiterbetrieb kriegsrelevanter Betriebe gefährdete, die Gauleiter in den annektierten Gebieten beklagten sich darüber, dass sich unter den bereits Deportierten nicht nur Polen und

Juden, sondern auch »Volksdeutsche« befunden hätten. Und Hans Frank schließlich, der grundsätzliche Bedenken dagegen hatte, »sein« Generalgouvernement zum Auffangbecken aller anderswo »Unerwünschten« werden zu lassen, sah in diesen Protesten die Chance, den Strom der Deportierten merklich zu verringern. Unter Federführung Heydrichs einigten sich die an den Umsiedlungen beteiligten Stellen deshalb am 30. Januar 1940 darauf, der »Heimholung« der »Volksdeutschen« höchste Priorität einzuräumen. Um Wohnraum für die noch verbliebenen Baltendeutschen sowie die als nächste zur Umsiedlung vorgesehenen Deutschen aus Wolhynien freizumachen, sollten etwa 160 000 Einheimische aus dem Warthegau verschleppt werden. Weil die Wolhyniendeutschen mehrheitlich nicht in den Städten, sondern auf dem Land wohnten, konnten für diesen Zweck kaum Juden ausgewählt werden, weil diese auch in Polen traditionell eher unter den Stadtbewohnern zu finden waren. Nach Abschluss dieser als »Zwischenplan« deklarierten Umsiedlung sollten in einem nächsten Schritt sämtliche Juden aus den eingegliederten polnischen Gebieten sowie zusätzlich 30 000 »Zigeuner« aus dem Altreich ins Generalgouvernement verbracht werden. Der zweite Teil dieser Vereinbarung rief erneut Franks Kritik hervor, die vorerst jedoch wirkungslos blieb.

Während der Zwischenplan anlief, bemühte sich Heydrich, die Entwicklung weiter zu treiben. Am 12. Februar wurden auf sein Geheiß erstmals auch Juden aus dem Altreich deportiert: Rund 1 000 Juden aus Stettin – Frauen wie Männer, Kinder wie Greise – wurden ohne Lebensmittel in Viehwaggons gepfercht und ins Generalgouvernement verfrachtet. Genau einen Monat später traf 160 Juden aus Schneidemühl in Pommern das gleiche Los. Gerüchte über die miserable Behandlung der Deportierten – allein von den Stettiner Juden starben 230 innerhalb eines Monats – drangen nach außen und provozierten den Protest des Auslands, auch der USA. Aus Interesse an der fortbestehenden Neutralität der Regierung Roosevelt verbot Göring am 23. März sämtliche weiteren Deportationen aus dem Reich.

Unterdessen einigten sich Himmler und Frank auf den so genannten zweiten Nahplan, der ebenfalls dazu dienen sollte, Platz für die Ansiedlung der Wolhyniendeutschen zu schaffen, und der die Deportation von 120000 Polen und 35000 »Zigeunern« vorsah. Wie schon sämtliche Umsiedlungspläne zuvor, litt auch die Umsetzung dieses Planes an den mangelnden Transportkapazitäten und der Auswahl »geeigneter« polnischer Deportationsopfer.

Dessen ungeachtet arbeitete Himmler weiter an radikalen »Umvolkungs«-Plänen. Ende Mai 1940 legte er Hitler die »Denkschrift über die Behandlung der Fremdvölkischen im Osten« vor. Der Entwurf sah vor, innerhalb der nächsten fünf bis zehn Jahre eine vollständige räumliche Trennung von Deutschen und Nichtdeutschen zu vollziehen. Sämtliche Polen sollten auf ihre »Eindeutschungsfähigkeit« überprüft werden. Die »Eindeutschungsfähigen« sollten ins Reich gebracht, die übrigen ins Generalgouvernement abgeschoben werden. Auch über die Zukunft der Juden hatte sich der »Reichsführer SS« Gedanken gemacht: »Den Begriff Juden hoffe ich durch die Möglichkeit einer großen Auswanderung sämtlicher Juden nach Afrika oder sonst einer Kolonie völlig auslöschen zu können.«[7] Hitler zeigte sich angetan von dem Vorschlag seines Untergebenen und betraute ihn mit der Umsetzung, die indes wegen des weiteren Kriegsverlaufs nur sehr zögernd erfolgte. Himmlers Denkschrift ist denn auch weniger wegen ihrer konkreten Folgen von Bedeutung, sondern weil sie exemplarisch den Prozess der Entscheidungsfindung im nationalsozialistischen Staat verdeutlicht: Ohne eine Aufforderung von Hitler erhalten zu haben, unternahm Himmler den Versuch einer umfassenden Neuordnung nicht nur der besetzten, sondern auch der deutschen Gebiete. Dabei bemühte er sich, die Wünsche des »Führers« zu antizipieren und seine Ausführungen danach zu gestalten. Denn Hitler war und blieb der Dreh- und Angelpunkt aller Planungen. Er konnte sich darauf verlassen, dass seine Untergebenen seine vagen Vorstellungen und Wünsche in konkrete Vorschläge umsetzten, über deren

Ausführung er allein schließlich entscheiden konnte. So war es auch im Fall der »Denkschrift«: Nachdem Hitler sie gebilligt hatte, wurde sie zur Grundlage für das weitere Vorgehen.

Hitlers Zustimmung versetzte Himmler in eine günstige Ausgangslage gegenüber Generalgouverneur Frank, der sich weiterhin dagegen wehrte, eine große Anzahl von Juden aufzunehmen. Mehr noch, bereits im Januar 1940 hatte Frank die Absicht bekundet, seinerseits die in seinem Herrschaftsbereich lebenden Juden in ein anderes Territorium abzuschieben, um langfristig auch das Generalgouvernement »judenfrei« zu machen. Jenes Territorium musste indes erst noch gefunden werden.[8]

Der Madagaskar-Plan

Die schnellen militärischen Erfolge gegen Frankreich ließen im Sommer 1940 ein neues Gedankenspiel reifen: den Madagaskar-Plan. Schon vor der Jahrhundertwende hatte es Pläne gegeben, Juden auf der vor der Ostküste Afrikas gelegenen Insel Madagaskar anzusiedeln; in der Zwischenkriegszeit hatte vor allem die polnische Regierung überlegt, die Juden aus Polen dorthin zu verfrachten. Die Größe der Insel und die seit langem gepflegte Vorstellung von einer engen Verwandtschaft zwischen Juden und den Bewohnern Madagaskars scheinen der Grund dafür gewesen zu sein, dass die Wahl auf dieses Eiland fiel.

Heydrich und andere NS-Politiker hatten 1938 Interesse an den polnischen Plänen bekundet, der Krieg hatte dann aber sämtliche derartige Planungen beendet. Die überraschende Niederlage Frankreichs ließ sie jetzt plötzlich wieder aktuell werden. Das Deutsche Reich könnte, so das Kalkül, nach dem Friedensschluss auch die Kolonien seines westlichen Nachbarn und damit auch die Herrschaft über Madagaskar übernehmen. Wenn – wie man in der ersten Euphorie vorschnell annahm – auch England besiegt oder zum Friedensschluss bewegt werden könnte, dann wäre auch der Seeweg in den Indischen Ozean frei gewesen, um die Juden dorthin zu transportieren.

Ähnlich wie ein halbes Jahr vorher Eichmann, ergriff nun ein anderer subalterner Funktionär selbständig die Initiative, einen Plan zur »Lösung der Judenfrage« zu erarbeiten. Dieses Mal handelte es sich nicht um einen Vertreter von Partei oder SS, sondern um den Leiter des Judenreferats im Auswärtigen Amt, Franz Rademacher. Er plante, knapp fünf Millionen europäische sowie 1,6 Millionen weitere Juden auf der Insel anzusiedeln, um sie aus der Wirtschaft ihrer Heimatländer hinauszudrängen. Ihr Vermögen sollte dort treuhänderisch verwaltet werden, ein Teil zur Begleichung der Umsiedlungskosten dienen. Jeglicher Kontakt zur Außenwelt sollte den Juden untersagt sein. Rademacher ging aber irrigerweise davon aus, die Insel werde sechseinhalb Millionen neue Bewohner ernähren können.[9] Rademachers Plan stieß bei Frank, der keine weiteren Judenansiedlungen im Generalgouvernement wünschte, auf offene Ohren. Er weckte andererseits aber auch das Misstrauen Heydrichs, der darin eine Einmischung in sein Aufgabengebiet sah, hatte Göring doch ihn im Januar 1939 mit der »Lösung der Judenfrage« beauftragt. Seine beiden Untergebenen Eichmann und Theodor Dannecker erarbeiteten daher ihrerseits einen »Madagaskarplan«. Im Unterschied zu Rademacher sahen ihre Planungen die Errichtung eines deutschen Polizeistaates vor, in dem die Juden unter Führung der SS leben sollten. Ungeachtet dessen setzte auch Rademacher seine Arbeit fort.

Der ausbleibende Sieg über England beendete sämtliche derartige Überlegungen im September 1940. Dennoch wollten Hitler und Heydrich die »Judenfrage« weiterhin durch Deportationen »lösen«. Zumindest das annektierte Gebiet sollte durch Abschiebungen von Juden »gesäubert« werden. Mit der Realität vor Ort hatten diese Pläne jedoch wenig zu tun. Allein die Deportation von knapp 90 000 Polen und 2 500 Juden, mit der Platz für die Wolhyniendeutschen geschaffen werden sollte, dauerte bis Januar 1941. Und bald darauf mussten sämtliche derartige Vorhaben bis auf weiteres auf Eis gelegt werden, weil die Wehrmacht im Zuge der Kriegsvorbereitungen gegen die Sowjetunion sämtliche Transportkapazitäten für die Verlegung der Truppen nach Osten benötigte.

Obwohl sie gescheitert waren, hatten der Nisko- und der Madagaskarplan gezeigt, in welche Richtung die Überlegungen zur »Lösung der Judenfrage« gingen: Die Juden sollten in ein weit entferntes Territorium deportiert werden, ohne Möglichkeit, in ihre Heimatländer zurückzukehren. Die schlechten Lebensbedingungen in den Zielgebieten hätten für eine deutliche Dezimierung der Juden gesorgt, an eine planmäßige Tötung war zu diesem Zeitpunkt aber noch nicht gedacht. Mit den Siegen über Polen und Frankreich war die »Judenfrage« eine europäische geworden.

Auf welche Lösung die Nationalsozialisten auch verfallen würden, sie konnten sich nicht damit begnügen, das Reichsgebiet »judenfrei« zu machen. Das machte auch Hitler im Februar 1941 gegenüber einigen seiner engsten Vertrauten deutlich, als er seine Absicht kundtat, »im gesamten Herrschaftsbereich der Achse den jüdischen Einfluss zu verdrängen«. Er wisse nur noch nicht, »wo man die paar Millionen Juden hintun könnte«.[10] Ganz offensichtlich ging er immer noch von einer »Lösung« durch Abschiebung aus, wobei einige seiner eifrigsten Untergebenen sich bei der Suche nach einem geeigneten Territorium immer stärker auf die Sowjetunion konzentrierten. Vorerst stellte sich jedoch die Frage, wie mit den bereits unter deutscher Besatzung lebenden Juden weiter umgegangen werden sollte.

Ghettoisierung

Heydrich hatte bereits in seinem Rundschreiben vom 18. September 1939 vorgeschlagen, die Juden in geschlossenen Ghettos zu konzentrieren. Aber nur in einigen Städten war die Zivilverwaltung diesem Vorschlag gefolgt. Das erste Ghetto wurde Ende des Jahres in der Industriestadt Lodz eingerichtet, und auch dies nicht infolge Heydrichs Befehl, sondern eher als Reaktion auf Zweifel, wie weiter mit den Juden zu verfahren sei. Lange Zeit war nicht klar, ob Lodz zum Generalgouvernement oder zum deutsch annektierten Warthegau gehören sollte. Im zweiten Fall, so sahen es die Planungen im Herbst 1939 noch vor, wären die dort lebenden Juden ins Generalgouvernement deportiert worden, andernfalls nicht. Wegen der Unsicherheit verbot der zuständige Höhere SS- und Polizeiführer (HSSPF) Friedrich Wilhelm Krüger jegliche Deportationen bis zu einer endgültigen Klärung der administrativen Verhältnisse. Dies wiederum veranlasste Arthur Greiser, den Gauleiter des Warthelandes, die Lodzer Juden in einem Ghetto zu konzentrieren. Auf einer Fläche von nur vier Quadratkilometern wurden die knapp 160 000 Juden der Großstadt eingepfercht, um sie von dort aus schnell nach Osten abschieben zu können.

Die Bildung des Ghettos erfolgte nach einem später viel kopierten Muster: Nachdem man ein bestimmtes Viertel für die Errichtung des Ghettos ausgewählt hatte, wurde den Juden eine Frist gesetzt, bis zu deren Ablauf sie dorthin übersiedeln mussten. Danach wurde das Ghetto durch Mauer und Stacheldraht von der Außenwelt abgeschlossen und bewacht. Im Inneren des Ghettos sollte eine jüdische Polizei für Ruhe und Ordnung sorgen, die Leitung des Ghettos oblag einer jüdischen Verwaltung, die den Deutschen gehorsams- und rechenschaftspflichtig war. Unter anderem hatte sie die Aufgabe, die im Besitz der Ghettobewohner befindlichen Wertgegenstände bei den Besatzern abzuliefern, um dafür im Austausch Lebensmittel zu erhalten. Die arbeitsfähigen Juden sollten zu Zwangsdiensten herangezogen entwickeln. Die Abriegelung des Ghettos von Lodz war im April 1940 abgeschlossen. Bald darauf wurden auch die übrigen Juden des Warthegaus ghettoisiert.

Anders vollzog sich die Ghettoisierung in Warschau, wo mit 400 000 Personen die größte jüdische Gemeinde Europas beheimatet war. Zunächst deklarierte im Herbst die Wehrmacht, die die Ausbreitung von Epidemien fürchte, bestimmte Viertel der Stadt als Seuchenviertel, ohne allerdings sämtliche Juden zur Übersiedlung in die dort stehenden Häuser zu zwingen. Gegen die Errichtung eines Ghettos wandte sich vor allem die Stadtverwaltung, die eine Gefährdung für die städtische Wirtschaft befürchtete. Stattdessen hoffte sie darauf, die Warschauer Juden in den Distrikt Lublin abschieben zu können. Das Scheitern dieses Vorhabens sowie das Ende des Madagaskarplans und sämtlicher anderer Deportationspläne machte dann ein Umdenken erforderlich. Im Oktober 1940 mussten die Warschauer Juden in das nun errichtete und von der Außenwelt abgeschlossene Ghetto umsiedeln.

Während in Lodz und Warschau die Ghettos unter anderem dazu dienen sollten, auch die Juden des Umlands in den Städten zu internieren, verfolgten die Besatzungsbehörden von Radom, Krakau und Lublin den gegenteiligen Ansatz. Da sie wussten, dass sie zumindest vorerst nicht damit rechnen konnten, ihre Juden in weiter entfernt liegende Gebiete deportieren zu können, vertrieben sie sie gewaltsam aus den Städten in die umliegenden Dörfer und Städtchen, um zumindest die Metropolen »judenfrei« zu machen. Die Besatzungsverwaltungen dieser Gegenden zeigten sich alles andere als begeistert von den zuziehenden Juden. Zudem blieben trotz des starken Drucks viele Juden in den Großstädten wohnen.

Schließlich drängte auch die Wehrmacht ab Frühjahr 1941 auf die Beendigung dieser Praxis und die Errichtung von Ghettos für die herumziehenden Juden, damit die Vorbereitungen für das »Unternehmen Barbarossa« nicht gefährdet würden. All dies führte dazu, dass im ersten Halbjahr 1941 an vielen Orten – auch in den Distrikthauptstädten Krakau, Radom und Lublin – Ghettos errichtet wurden. Flächendeckend erfolgte der Aufbau der Ghettos jedoch immer noch nicht. In einigen Städten lebten die Juden weiterhin in ihren angestammten Wohnungen und wurden nicht in bestimmten Bezirken konzentriert oder gar von der Außenwelt abgeschlossen. Die letzten Ghettos, die 1942 errichtet wurden, dienten nur noch dazu, die Juden zu sammeln und sie von dort in bis dahin errichtete Vernichtungslager zu deportieren.[11]

Hunger- versus Arbeitspolitik

Vorerst aber diente die Ghettobildung noch nicht der physischen Vernichtung der Juden. Gerade weil keine unmittelbare Deportation folgte, sahen sich die Lokalverwaltungen jedoch bald vor die Frage gestellt, wie sie weiter mit den Juden verfahren sollten. Die Zustände in den Ghettos waren katastrophal. Die Bewohner lebten auf engstem Raum, hatten kaum Lebensmittel und litten unter miserablen hygienischen Bedingungen. In Warschau, wo die Situation am schlimmsten war, übertraf die Sterberate sogar die von Konzentrationslagern. Es war schnell klar, dass die Bewohner der Ghettos nicht ohne Versorgung von außen überleben würden. Daraus zog ein Teil der mit dem Ghettowesen befassten Funktionäre den Schluss, genau dies zur langfristigen Strategie im Umgang mit den Juden zu machen. Indem die Ghettos von außen nicht versorgt wurden, wollte man ihre Insassen durch Unterernährung und Krankheiten zugrunde gehen lassen. Die bereits im Oktober 1939 eingeführte Arbeitspflicht für alle Juden im Alter von 14 bis 60 Jahren sollte diesen Vorgang noch beschleunigen und zudem einen geringen Profit für die Besatzungsmacht abwerfen. Die Gegner dieser Strategie wollten dagegen das jüdische Arbeitskräftepotential so gut wie möglich ausschöpfen und waren dafür sogar bereit, die Ghettos mit Nahrungsmitteln zu versorgen. Aus beiden Plänen sprach pures Effizienzdenken und die Überzeugung, auf das Leben oder gar das Wohlbefinden der Juden keinerlei Rücksicht nehmen zu müssen. Der maximale Nutzen für die Besatzer war die entscheidende Messgröße.

Die Angst vor dem Übergreifen hungerbedingter Seuchen auch auf die nichtjüdische Bevölkerung und die Bedeutung der jüdischen Arbeitskraft gaben den Vertretern der Zwangsarbeitspolitik die besseren Argumente in die Hand. Dies erkannte offensichtlich auch Generalgouverneur Frank, der sie im Frühjahr 1941 mit den Worten zur Leitlinie erklärte, »es ist wichtiger, dass wir den Krieg gewinnen, als Rassenpolitik durchzusetzen.«[11] Allein diese Formulierung ließ erkennen, dass seiner Meinung nach auf die Juden nach einem deutschen Sieg ein anderes Schicksal als die Zwangsarbeit wartete. Die Durchsetzung der »Zwangsarbeitsstrategie« stellte indes umso dringlicher die Frage, wie mit den *nicht* arbeitsfähigen Juden verfahren werden sollte. Ihrer Ernährung stand das Effizienzdenken der Besatzer entgegen. Ließ man sie aber einfach verhungern, so wäre die Ausbreitung von Seuchen eine nur schwer zu vermeidende Folge gewesen. Es war deswegen nur folgerichtig, wenn der Leiter des SD-Abschnitts Posen, Rolf Heinz Höppner, Eichmann folgenden Vorschlag unterbreitete: Alle 300 000 im Warthegau ansässigen Juden sollten in einem Lager konzentriert werden, um ihre Arbeitskraft auszunutzen. Da jedoch im Winter nicht mehr alle Juden ernährt werden könnten, sei »ernsthaft zu erwägen, ob es nicht die humanste Lösung ist, die Juden, soweit sie nicht arbeitseinsatzfähig sind, durch irgendein schnell wirkendes Mittel zu erledigen. Auf jeden Fall wäre dies angenehmer, als sie verhungern zu lassen.«[12] Zwar ging es Höppner nicht um die Ermordung sämtlicher Juden, wie sein anschließender Vorschlag, gebärfähige Jüdinnen zu sterilisieren, »damit mit dieser Generation tatsächlich das Judenproblem restlos gelöst wird«, deutlich macht. Er hatte aber offen ausgesprochen, dass die massenhafte physische Vernichtung zumindest eines Teils der Juden einen denkbaren Baustein in einem Gesamtkonzept darstellen könnte. Der bereits lange vor der »Machtergreifung« von Hitler artikulierte Wunsch nach einem vollständigen »Verschwinden der Juden«, die prinzipielle Bejahung von Mord und Gewalt sowie das Scheitern sämtlicher übriger Pläne hatten im Hinblick auf die »Judenfrage« eine Stimmung geschaffen, in der »Mord in der Luft lag«, wie der amerikanische Holocaust-Forscher Christopher Browning es ausdrückt.[13]

Die Ghettoisierung hatte zudem zwei weitere Punkte deutlich gemacht: Erstens waren die deutschen Besatzer von dem Wunsch getrieben, die Juden auch räumlich von der übrigen Bevölkerung zu separieren, ihre Arbeitskraft so effizient wie möglich auszunutzen und zugleich sowenig Mittel wie möglich für ihr Überleben aufzubringen. Zweitens wurden in Polen Konzepte umgesetzt, die – wie ein spezielles Kennzeichen für Juden oder die Ghettoisierung – früher schon diskutiert worden waren, die Hitler jedoch für die deutschen Juden zumindest vorerst verworfen hatte. Auf der Suche nach geeigneten Möglichkeiten zur »Lösung der Judenfrage« konnten fanatische Nationalsozialisten in Polen an lang gehegte Pläne anknüpfen. Weitgehend unbeachtet von der deutschen, aber auch von der internationalen Öffentlichkeit (bezeichnenderweise hatte vor allem die Deportation deutscher Juden aus Stettin und Schneidemühl den Protest des amerikanischen Botschafters hervorgerufen, nicht die miserable Behandlung der Juden in Lodz, Warschau oder Lublin), mussten sie dabei deutlich weniger Rücksichten nehmen als im Reich. Die auch in der Wehrmacht weit verbreitete Wahrnehmung der Polen und Ostjuden als minderwertig dürfte ihnen ebenfalls entgegengekommen sein. Wie sollte sich die Behandlung der Juden unter diesen Vorzeichen entwickeln, nachdem die Deutschen mit der Sowjetunion ein Land angegriffen hatten, dessen Bevölkerung im Denken Hitlers und seines treuesten Paladins Himmler seit langem die unterste Stufe der Rassenskala besetzte und dessen Regierungsform, den Bolschewismus, sie als den »natürlichen Feind« des Nationalsozialismus betrachteten?[14]

5 Der Beginn des Massenmords

Mit dem Einmarsch deutscher Truppen in die Sowjetunion begann der Massenmord an den europäischen Juden.

Das zweite Halbjahr 1941 markierte den Übergang von der Judenverfolgung zur Judenvernichtung. Zwar waren auch vorher, vor allem während des Krieges gegen Polen, mehrere Tausend Juden ermordet worden, waren in Ghettos an Hunger und Entkräftung zugrunde gegangen oder hatten aus Verzweiflung ihrem Leben selbst ein Ende gesetzt – gemessen an der jüdischen Gesamtbevölkerung hatte es sich dabei jedoch um Minderheiten gehandelt. Bis zum Jahresende 1941 hatte sich die Zahl der ermordeten jüdischen Zivilisten auf weit über eine halbe Million erhöht, große und jahrhundertealte Gemeinden existierten nicht mehr. Die ersten Vernichtungslager hatten ihren Betrieb aufgenommen, weitere wurden aufgebaut.

Wie war es zu diesem endgültigen Umschlag zur Gewalt gekommen, und wieso hatte sich die »Lösung der Judenfrage«

innerhalb weniger Monate stärker radikalisiert als in den acht Jahren zuvor? Der Schlüssel zum Verständnis liegt im Krieg gegen die Sowjetunion. Wenige Wochen nach dem Sieg über Frankreich hatte Hitler seinem Generalstabschef Franz Halder den Befehl gegeben, einen Angriffsplan gegen den Staat vorzubereiten, der erst ein Jahr zuvor durch den Hitler-Stalin-Pakt zum deutschen Verbündeten geworden war. Und noch während die Vorbereitungen liefen, eröffnete Hitler seinem militärischen Führungspersonal am 30. März 1941, dass sich der bevorstehende Krieg in wesentlichen Punkten von den vorangegangenen unterscheiden werde. »Wir müssen von dem Standpunkt des soldatischen Kameradentums abrücken. Der Kommunist ist vorher kein Kamerad und nachher kein Kamerad. Es handelt sich um einen Vernichtungskampf«, notierte Halder über dieses Treffen in seinem Kriegstagebuch.[1] Es blieb nicht bei der Ankündigung. Der am 13. Mai verkündete »Gerichtsbarkeitserlass« gewährte den deutschen Soldaten eine Präventivamnestie für Übergriffe gegen die Zivilbevölkerung und bestimmte überdies, dass sämtliche Partisanen ohne Kriegsgerichtsverhandlung zu erschießen seien. Um weitere Angriffe aus dem Hinterhalt zu verhindern, erhielten Offiziere vom Bataillonskommandeur aufwärts das Recht, Kollektivstrafen zu verhängen.[2]

Auf Hitlers Anweisung arbeitete das Oberkommando des Heeres (OKH) zudem den so genannten Kommissarbefehl aus, demzufolge sämtliche Politoffiziere der Roten Armee nach der Gefangennahme nicht – wie es das Kriegsvölkerrecht verlangte – als Kriegsgefangene zu behandeln, sondern »abseits der Truppe« zu liquidieren seien. Sowohl der Kommissarbefehl als auch der Gerichtsbarkeitserlass senkten die Hemmschwelle, Gewalt gegen sowjetische Zivilisten anzuwenden und räumten – wenn nicht den einzelnen Soldaten, so doch den befehlshabenden Offizieren – große Entscheidungsfreiheit ein. Obwohl sich beide Befehle nicht explizit gegen Juden richteten, enthielten sie eine deutliche antijüdische Konnotation, weil wie selbstverständlich davon ausgegangen wurde, dass ein Großteil der Kommissare sowie der Partisanen Juden seien. Das nicht nur in Deutschland verbreitete Bild vom »jüdischen Bolschewismus«, das heißt die Annahme, der Kommunismus sei eine jüdische Erfindung und das sowjetische Regime ein überwiegend jüdisches, hatte offensichtlich auch in den Köpfen der Militärs deutliche Spuren hinterlassen. »Dieser Kampf verlangt rücksichtsloses und energisches Durchgreifen gegen bolschewistische Hetzer, Freischärler, Saboteure, Juden und restlose Beseitigung jeden aktiven oder passiven Widerstandes«, schärften die vor Beginn des Angriffs an die Kommandeure verteilten »Richtlinien für das Verhalten der Truppe in Russland« den deutschen Soldaten ein.[3]

Die feste Überzeugung, auf sowjetischem Boden unausweichlich in einen verlustreichen Partisanenkrieg verwickelt zu werden, ebnete auch die Zustimmung zu einer weiteren Regelung: Wie schon im Krieg gegen Polen, so wurden auch vor dem Angriff auf die Sowjetunion Einsatzgruppen aufgestellt, die dem RSHA unterstanden und der »Säuberung« der besetzten Gebiete von allen »reichs- und deutschfeindlichen Elementen« dienen sollten. Um eine Einmischung der Wehrmacht, die Hitler in Polen so erzürnt hatte, zu vermeiden, trafen sich Heydrich als Chef des RSHA und der inzwischen zum Generalquartiermeister avancierte Generalmajor Eduard Wagner am 28. April 1941, um die klare Abgrenzung der Kompetenzen zu besprechen. Sie einigten sich darauf, die Einsatzgruppen nur logistisch der Wehrmacht zu unterstellen. Ansonsten aber sollten sie unabhängig von militärischen Weisungen ihre Befehle direkt von Heydrich empfangen und im Rücken der Front operieren. Die Armee wiederum sollte nicht an den Aufgaben der Einsatzgruppen teilnehmen, ihnen aber logistische Unterstützung zukommen lassen. Damit hatte die Wehrmacht einen zentralen Kompetenzbereich freiwillig an die SS abgetreten, ja sie hatte sich durch die Verpflichtung zur logistischen Unterstützung sogar zu deren Helferin gemacht. Grund für diese freiwillige Selbstbeschränkung war zweifellos der Wunsch, die SS an der Sicherung des Hinterlandes zu beteiligen, weil die Truppen der Wehrmacht angesichts der rund 900 Kilometer langen Frontlinie dafür kaum ausgereicht hätten. Gleichzeitig konnte für die Verantwortlichen der Wehrmacht vor dem Hintergrund der Erfahrungen in Polen und der drastischen Äußerungen Hitlers kein Zweifel über die eigentliche Tätigkeit der Einsatzgruppen bestehen.

Das Wagner-Heydrich-Abkommen bildete die erste Voraussetzung dafür, dass die Einsatzgruppen zum Instrument des Holocaust werden konnten. Die zweite Voraussetzung bestand in den Befehlen, die die Führer der Einsatzgruppen erhielten. Am 17. Juni wurden sie in Berlin zusammengerufen und wahrscheinlich von Heydrich über ihre Aufgaben im geplanten Krieg informiert. Da die Weitergabe dieser Befehle mündlich erfolgte, besteht bis heute keine Sicherheit über ihren genauen Inhalt. Aussagen hoher Offiziere der Einsatzgruppen aus der Nachkriegszeit sind widersprüchlich, sprechen aber insgesamt eher dagegen, dass es einen Befehl zur Ermordung aller sowjetischen oder auch nur aller wehrfähigen sowjetischen Juden gab. Ein erhaltenes Telegramm, das Heydrich kurz nach Beginn des Krieges an die Einsatzgruppenleiter sandte, stellte ihnen folgende Aufgaben: »Zu exekutieren sind alle Funktionäre der Komintern (wie überhaupt die kommunistischen Berufspolitiker schlechthin), die höheren, mittleren und radikalen unteren Funktionäre der Partei, der Zentralkomitees, der Gau- und Gebietskommissare, Volkskommissare, Juden in Partei- und Staatsstellungen, sonstige radikale Elemente (Saboteure, Propagandeure, Heckenschützen, Attentäter, Hetzer usw.), *soweit* sie nicht im Einzelfall nicht oder nicht mehr benötigt werden, um Auskünfte in politischer oder wirtschaftlicher Hinsicht zu geben, die für die weiteren sicherheitspolizeilichen Maßnahmen oder für den wirtschaftlichen Wiederaufbau der besetzten Gebiete besonders wichtig sind.«[4]

Diese Aufstellung zeigt dreierlei: Erstens sollten nicht sämtliche Juden, sondern nur solche in »Partei- und Staatsstellungen« liquidiert werden, zweitens beschränkte sich die Liste der Opfer nicht auf Juden. Drittens aber, und dies zeigt das dem Befehl innewohnende Radikalisierungspotenzial, nahmen die Juden eine Sonderstellung ein. Während die übrigen Bewohner der Sowjetunion nur dann erschossen werden sollten, wenn sie zumindest eine »mittlere« Position im sowjetischen Apparat innegehabt hatten, reichte bei Juden ihre bloße Zugehörigkeit zum Apparat aus. Die unvollständige Auflistung der auszuschaltenden Gegner, die sich paradigmatisch in der Abkürzung »usw.« findet, deutet überdies die Freiheit der Einsatzgruppen an, den Kreis ihrer Opfer beinahe beliebig auszuweiten, wobei die antisemitische Stoßrichtung durch die NS-Ideologie sowie die Rahmenbefehle zum Weltanschauungskrieg gegen die Sowjetunion bereits vorgegeben war.

Diese Freiheit bildete die dritte Voraussetzung für die von den Einsatzgruppen betriebene Radikalisierung des Mordprogramms und mithin für den Übergang zur Vernichtung der sowjetischen Juden. Die Führer der Einsatzgruppen sowie der ihnen unterstellten Sonder- und Einsatzkommandos rekrutierten sich samt und sonders aus eingefleischten Nationalsozialisten, die in der »Lösung der Judenfrage« ihre ideologisch fixierte Aufgabe sahen. Viele von ihnen waren bereits vor 1933 der NSDAP beigetreten. Überdies waren sie überdurchschnittlich intelligent, viele hatten studiert, drei der vier Einsatzgruppenkommandeure waren sogar promoviert. Somit verfügten sie neben dem Rassenhass über eine weitere wichtige Fähigkeit: Sie waren in der Lage, die vagen Befehle, die sie erhielten, entsprechend den allgemeinen ideologischen Richtlinien zu interpretieren und verstanden, dass sich hinter Befehlen häufig mehr verbarg, als der bloße Wortlaut aussagte. Zudem waren sie in unterschiedlicher Weise mit den bisherigen Versuchen zur »Lösung der Judenfrage« beschäftigt gewesen und hatten das Scheitern all dieser Versuche miterlebt. Die Befehle an die Einsatzgruppen waren offenbar bewusst vage gehalten und die Führer der Einsatzgruppen zeigten schon bald die Bereitschaft, ihren Entscheidungsspielraum für eine Radikalisierung der »Judenpolitik« zu nutzen. Ihrer Eigenverantwortlichkeit waren jedoch Grenzen gesetzt. Sie alle unterhielten Kontakt zu Heydrich, der in der Lage gewesen wäre, jederzeit ihr Tun zu beenden, wenn es seinen Intentionen widersprochen hätte. Heydrich aber unterstand Himmler und dieser wiederum Hitler, bei dem letzten Endes die Fäden des Vernichtungsprozesses zusammenliefen.

Was für die Führer der Einsatzgruppen hinsichtlich ihrer ideologischen Ausrichtung galt, galt auch für das übrige Führungspersonal der SS, das von Himmler auf verantwortungsvolle Positionen gesetzt wurde. Zur Verstärkung wurden den nur knapp 3 000 Mann starken Einsatzgruppen Einheiten der Ordnungspolizei (Orpo) unterstellt. Zusätzlich unterstanden Himmler gut 25 000 Angehörige der Waffen-SS, die in drei SS-Brigaden zusammengefasst waren. Im Juli 1941 wurden sämtliche Verbände der SS den Höheren SS- und Polizeiführern (HSSPF) unterstellt, die als Himmlers persönliche Stellvertreter in den besetzten Gebieten fungierten. Im nördlichen Heeresgebiet sollte Hans-Adolf Prützmann, im mittleren Abschnitt Erich von dem Bach-Zelewski und im Süden Friedrich Jeckeln die Tätigkeiten der SS-Einheiten koordinieren. Wie die Führer der Einsatzgruppen sollten auch sie ihre Anweisungen unmittelbar von Heydrich erhalten. Und wie bei jenen, konnten sich der Chef des RSHA und der »Reichsführer SS« auf die bedingungslose Zuverlässigkeit dieser Personen in weltanschaulichen Fragen verlassen.[5]

Die ersten Massaker

In den frühen Morgenstunden des 22. Juni 1941 überquerten deutsche Truppen den Fluss Bug, der die Grenzlinie zwischen der Sowjetunion und dem Deutschen Reich bildete. Trotz unerwartet hoher Verluste drangen sie bereits in den ersten Tagen weit ins feindliche Gebiet vor. Am 26. Juni fiel Minsk, drei Wochen später Smolensk. Wie vereinbart folgten der Front die Einsatzgruppen, um die eroberten Gebiete von potenziellen Feinden zu »säubern.« Erneut zeigte sich das schon aus der Zeit der »Machtergreifung« und der Besatzung Polens bekannte Vorgehensmuster: Zunächst wurden die politischen Gegner ausgeschaltet, dann erst die ideologischen Hauptfeinde, die Juden. Die Situation in der Sowjetunion unterschied sich jedoch in zwei Punkten, die ursächlich für die massenhafte Tötung von Juden bereits in den ersten Tagen des »Unternehmens Barbarossa« gewesen sein dürften: Zum einen galt – wie bereits erwähnt – der Bolschewismus den Deutschen als »jüdisch«, Rassenideologie und politische Frontstellung bildeten eine schwer zu entwirrende Gemengelage. Zum anderen waren bereits in den ersten Tagen des Krieges die meisten höheren KP-Funktionäre in die östlichen, noch unbesetzten Gebiete der Sowjetunion geflohen, wodurch die Bekämpfung des politischen Gegners an Relevanz verloren hatte.

Die Ermordung jüdischer Zivilisten stellte dementsprechend den logisch nächsten Schritt dar. Dabei spielte die Einordnung der Juden nach ihrer potentiellen Gefährlichkeit weiterhin eine Rolle bei der Auswahl der Opfer. Zunächst wurden vor allem Angehörige der Intelligenz und der jüdischen Führungsschicht getötet, Personen also, die im Verdacht standen, potentielle Organisatoren des Widerstands zu sein. In der Praxis bedeutete dies eine Kette größerer und kleinerer Massaker an Verdächtigen, unter denen männliche Juden im wehrfähigen Alter die überwiegende Mehrheit ausmachten.

Nicht überall jedoch beschränkten sich die Täter auf diese Opfergruppe. In Gardsen (Gargždai) nahe der deutsch-litauischen Grenze etwa erschoss ein SS-Kommando wenige Tage nach Kriegsbeginn auch jüdische Frauen und Kinder. Neben Einheiten der SS und der Polizei beteiligten sich auch reguläre Truppen der Wehrmacht, vor allem die zur »Säuberung« der eroberten Gebiete abgestellten Sicherungsdivisionen. Am 27. Juni richteten Soldaten der 221. Sicherungsdivision sowie ihr unterstehende Polizeieinheiten ein Blutbad unter den jüdischen Bewohnern von Białystok an. Fünfhundert Juden beiderlei Geschlechts wurden in einer Synagoge lebendig verbrannt, andere unter Gejohle durch die Stadt getrieben oder auf offener Straße erschossen. Insgesamt ließen mindestens 2000 Menschen ihr Leben, darunter auch kleine Kinder und Greise.[6]

Dennoch machten jüdische Männer jungen und mittleren Alters weiterhin das Gros der Opfer aus. Und weiterhin folgten die Mordaktionen einem Muster, das eher an standrechtliche Hinrichtungen denn an Massenmord erinnerte: Die für die Vernichtung bestimmten Juden wurden abseits der Städte und Dörfer, meistens in nahe gelegenen Wäldern, zu vorab ausgehobenen Gruben geführt und mussten an deren Rand treten. Nach Verlesung des »Todesurteils«, das weiterhin militärisch-politische Gründe wie Sabotage oder Freischärlertum zur Begründung anführte, wurden sie erschossen. Begründungen dieser Art wurden im Übrigen nicht nur den Opfern vorgelesen, sondern auch in der Kommunikation mit der Berliner Zentrale verwendet. Das deutet auf eine offensichtliche Unsicherheit hin: Die Kommandeure der Einsatzgruppen wussten augenscheinlich, dass ihr Auftrag auch die Tötung von Juden umfasste, waren sich aber nicht klar darüber, wie weit sie ihren Entscheidungsspielraum nutzen konnten. Um keinen Widerstand hervorzurufen, verbrämten sie ihre Mordtätigkeit mit Begriffen, die eine militärische Notwendigkeit suggerierten. Auch so waren die nach Berlin abgehenden Berichte eindeutig, aber es kam kein Befehl aus der Hauptstadt, der dem Morden Einhalt gebot. Himmler und Heydrich, die zentralen Akteure der »Endlösung«, waren vielmehr ganz offensichtlich zufrieden mit dem Handeln ihrer Paladine im Osten.[7]

Die Ausweitung der Massenmorde

Ab Ende Juli erschossen immer mehr Einheiten auch jüdische Frauen und Kinder. Dies war offensichtlich nicht die Folge eines zentralen Befehls, sondern entsprang der Logik der Radikalisierung. Da die Judenerschießungen nur noch nach außen mit militärischen Argumenten erklärt wurden, in Wahrheit jedoch mit der Bekämpfung akut gefährlicher Gegner nichts mehr zu tun hatten, gab es auch keinen Grund, Frauen und Kinder vom Vernichtungsprozess auszusparen. Wenn man aber die Juden unterschiedslos tötete, brauchte man dies auch nicht mehr hinter militärischen Vorwänden wie Repressalien oder Kollektivstrafen zu verbergen. Die Inszenierung der Massenerschießungen als standrechtliche Hinrichtungen wich daher zunehmend einem allein auf Effizienz zielenden Verfahren. Die Juden mussten meist selbst eine Grube ausheben, sich anschließend entkleiden und wurden danach erschossen. Die nächsten wurden gezwungen, sich auf die Leichen der Erschossenen zu legen, und ebenfalls erschossen. Auf diese Weise konnte nicht nur eine größere Anzahl Juden in kürzerer Zeit liquidiert werden, auch ihre vorher abgelegte Kleidung stand den Besatzern zur weiteren Nutzung zur Verfügung.[8]

Auf der administrativen Ebene wurde die Judenverfolgung ebenfalls immer systematischer organisiert. Ab Mitte Juli mussten die Juden in besonderen Wohnbezirken leben und zur Unterscheidung von der übrigen Bevölkerung ein deutlich sichtbares Kennzeichen an ihrer Kleidung tragen. Es wurde immer klarer, dass weder ein Veto aus Berlin noch technische Gründe gegen die vollständige Vernichtung der sowjetischen Juden sprachen. Diese Erkenntnis setzte sich jedoch bei den einzelnen Mordeinheiten unterschiedlich schnell durch. Noch Ende Juli erklärte der Befehlshaber der Einsatzgruppe B, Arthur Nebe, die »Lösung der Judenfrage« erscheine in der Sowjetunion während des Krieges undurchführbar, »da sie bei der übergroßen Zahl der Juden nur durch Aussiedlung erreicht werden« könne. Stattdessen schlug er die Bildung von Ghettos und Judenräten sowie ihre obligatorische Kennzeichnung vor.[9] Ganz ähnlich waren auch die Vorschläge, die der Leiter der Zivilverwaltung im Baltikum und Westweißrussland, der »Reichskommissar Ostland« Hinrich Lohse am 2. August mit der Bitte um Stellungnahme an den HSSPF Nord, Prützmann, versandte. Die SS, die die Judenfrage als ihre alleinige Zuständigkeit ansah, reagierte prompt. Der Befehlshaber der Einsatzgruppe A, Franz Walter Stahlecker, entgegnete, der Reichskommissar sehe davon ab, »die im Ostraum erstmalig mögliche radikale Behandlung der Judenfrage ins Auge zu fassen.« Er schlug vor, die Juden fortan an der Vermehrung zu hindern, ihre Arbeitskraft auszunutzen und das gesamte Ostland, das heißt das Baltikum und das westliche Weißrussland fast vollständig von Juden zu »säubern«. Stahlecker schloss seine Ausführungen mit dem Vorschlag eines persönlichen Gesprächs, »zumal da der Entwurf grundsätzliche, schriftlich nicht zu erörternde Befehle von höherer Stelle an die Sicherheitspolizei erheblich berührt«.[10] Dieser letzte Satz erweckt den Eindruck, als habe Stahlecker von Hitler, Himmler oder Heydrich – denn niemand sonst kommt als jene »höhere Stelle« in Frage – einen Befehl zur »Behandlung« der Juden erhalten. Dies ist jedoch höchst unwahrscheinlich. Wenn eine derartige Anweisung tatsächlich vorgelegen hätte, hätte sich Stahlecker direkt auf sie berufen können, statt sich hinter einer nebulösen Anmerkung zu verbergen. Ganz offensichtlich bluffte er, um Lohses Einmischung zu unterbinden. Denn Stahlecker hatte begriffen, welche »radikale Behandlung der Judenfrage« möglich war: Statt die Juden wie in Polen lediglich zu ghettoisieren und sie zu einem unbestimmten Zeitpunkt in ein unbestimmtes Territorium abzuschieben, sollten sie vollständig vernichtet werden. Nach vielen gescheiterten Versuchen, die »Judenfrage« zu lösen, sah der Leiter der Einsatzgruppe A in der physischen Vernichtung aller Juden die lange gesuchte Antwort.

Lohse opponierte nicht, sondern fügte in die »Richtlinien« einen Passus ein, dem zufolge etwaige »weitere Maßnahmen, insbesondere von der Sicherheitspolizei«, nicht berührt würden.[11] Offensichtlich wollte auch er das Morden nicht aufhalten, sondern nur dafür Sorge tragen, die überlebenden Juden zu internieren. An einer solchen Interimslösung war Stahlecker, der die vorläufige Internierung der Juden nicht in Frage stellte, schon nicht mehr interessiert. Seinen Einsatzkommandos schärfte er ein, das »Hauptaugenmerk z. Zt. auf die endgültige Lösung der Judenfrage mit ganz anderen als den vom Reichskommissar vorgesehenen Mitteln [zu] richten.«[12] Während sich also bei einigen Stellen die Bereitschaft zum radikalsten Vorgehen schon durchgesetzt hatte, dominierten andernorts noch andere Vorstellungen. Es waren nicht zuletzt Himmler und die Höheren SS- und Polizeiführer, die während ihrer häufigen Besuche bei den Einsatzgruppen und Polizeibataillonen die Vereinheitlichung dieses Prozesses vorantrieben. Ein besonders illustratives Beispiel für dieses Vorgehen bietet der Einsatz der SS-Brigaden in den Pripet-Sümpfen.[13]

Die an der heutigen Grenze zwischen Weißrussland und der Ukraine gelegenen Pripet-Sümpfe spielten in der deutschen Planung eine wichtige Rolle. Bereits im Vorfeld des Angriffs auf die Sowjetunion wurden führende Militärs von der Sorge geplagt, wie sie dieses Gebiet, das schon im Ersten Weltkrieg ein bevorzugtes Rückzugsgebiet für Partisanen gewesen war, militärisch befrieden könnten. Diese Angst wusste Himmler zu nutzen, indem er den Einsatz von SS-Truppen zur Partisanenbekämpfung in den Sümpfen anbot. Die dem Kommandostab »Reichsführer SS« unterstehenden 1. SS-Brigade und SS-Kavalleriebrigade wurden am 19. Juli 1941 in Richtung des Sumpfgebietes in Marsch gesetzt. Bereits die ersten Befehle, die sie erhielten, deuteten an, dass sich ihr Auftrag nicht in der Partisanenbekämpfung erschöpfte, ja dass diese nicht einmal das eigentliche Ziel des Einsatzes bildete. Zwar folgte Himmlers Befehl, bei der »Säuberung« des Gebiets sämtliche »bewaffneten oder Sabotage treibenden Zivilisten« zu erschießen, noch ganz den Vorgaben des »Gerichtsbarkeitserlasses«, aber die vom Kommandeur der SS-Kavallerie, Hermann Fegelein, ergänzte Präzisierung verdeutlichte die eigentliche Intention. Demnach seien »Juden [...] zum größten Teil als Plünderer zu behandeln«,[14] das heißt zu erschießen. Ausnahmen sollten nur bei wichtigen Facharbeitern wie Bäckern oder Ärzten gemacht werden. »Weiber und Kinder« sollten aus den entsprechenden Dörfern vertrieben werden. Am 1. August wurde der »Reichsführer SS« noch deutlicher: »Sämtliche Juden müssen erschossen werden. Judenweiber in die Sümpfe treiben«,[15] wies er die Kommandeure über Funk an. Diese zögerten nicht und ermordeten innerhalb weniger Tage mehr als 25 000 Menschen.

Allerdings ließ Himmlers Befehl weiterhin unterschiedliche Interpretationen zu. Was war mit »in die Sümpfe treiben« gemeint? Der Kommandant der Reitenden Abteilung des 1. Regiments der SS-Kavalleriebrigade, Gustav Lombard, sah darin die Aufforderung, die gesamte jüdische Bevölkerung zu vernichten und bezeichnete es als sein Ziel, ganze Landstriche zu »entjuden«. Dagegen schreckte Franz Magill, der die Reitende Abteilung des 2. Regiments befehligte, vor einem solchen Vorgehen zurück und meldete nach Abschluss des Einsatzes am 12. August: »Weiber und Kinder in die Sümpfe zu treiben, hatte nicht den Erfolg, den er haben sollte, denn die Sümpfe waren nicht so tief, dass ein Einsinken erfolgen konnte.«[16] Zwar hatte Magills Abteilung noch mehr Juden ermordet, doch handelte es sich bei den Opfern fast ausschließlich um Jungen und Männer. Zwei Regimenter der 1. SS-Brigade wiederum töteten zwar Frauen und Kinder, löschten aber keine ganzen Gemeinden aus. Welcher Interpretation seines Befehls Himmler selbst zuneigte, zeigte seine Reaktion. Magill wurde seines Kommandos enthoben, Lombard dagegen zum Regimentskommandeur befördert und mit dem Eisernen Kreuz ausgezeichnet.

Der Einsatz der SS-Brigaden in den Pripet-Sümpfen bedeutete in doppelter Hinsicht eine Verschärfung des Massenmords. Mit weit über 30 000 Personen hatten die beiden Großverbände mehr Juden umgebracht, als alle vier Einsatzgruppen und Wehrmachtseinheiten in den zwei Monaten zuvor. Zugleich waren erstmals auch Frauen und Kinder im großen Stil in die Vernichtung einbezogen worden.[17]

Überdies verdeutlicht der Pripet-Einsatz die Bedeutung der Interaktion von Peripherie und Zentrum. Zunächst hatte Himmler nur einige knappe Befehle erteilt, die einiges an Interpretationsspielraum offen ließen. Wahrscheinlich hatte er selbst keine klare Vorstellung von den genauen Zielen des von ihm befohlenen Einsatzes. Vielmehr erwartete er, dass die Kommandeure vor Ort ihr Möglichstes tun würden. Und das Möglichste hieß für Himmler in Bezug auf die Juden immer zugleich das Radikalste. Bereits während des Einsatzes kritisierte er Einheiten, die ihm zu zögerlich vorgingen, wie etwa die 1. SS-Brigade, die »lediglich« rund 7000 Juden ermordet hatte. Nach Abschluss der Aktion sorgte er mit der Auszeichnung Lombards dafür, dass dessen Beispiel Schule machte.[18]

Himmler räumte seinen SS-Führern vor Ort große Freiheiten ein, erwartete aber offensichtlich, dass sie diese Freiheiten zu einem möglichst weitgehenden Vorgehen gegen die Juden nutzten. Das jeweils radikalste Handeln gab er danach als Orientierung für den gesamten Einsatzraum an. Weil er auf der anderen Seite niemanden wegen zu brutalen Vorgehens tadelte, weiteten die örtlichen Kommandeure der Vernichtungseinheiten ihre Mordtätigkeit weiter aus, um sich das Lob ihres obersten Dienstherrn zu sichern. Dieser Spirale der Gewalt hätte wohl nur ein gegenteiliger Befehl Himmlers oder gar Hitlers ein Ende bereiten können. Ein derartiger Befehl blieb jedoch aus. Die Vernichtungsmaschinerie rollte ungebremst weiter.

Vom Massenmord zur totalen Vernichtung

Dennoch entwickelte sich die weitere Radikalisierung des Judenmords regional auch weiterhin mit unterschiedlicher Dynamik. Am schnellsten schritt der Vernichtungsprozess in Litauen voran, wo einzelne Einheiten – so das Einsatzkommando 3 unter seinem Kommandeur Karl Jäger – bereits seit Ende Juli 1941 planmäßig auch Frauen und Kinder ermordeten. Seit Anfang August folgten immer mehr Einheiten diesem Beispiel. Insbesondere das ländliche Gebiet und die kleineren Städte wurden vollständig von Juden »gesäubert«. Und auch in den drei größten Städten des Landes, in Wilna, Kaunas und Schaulen, durften nur diejenigen überleben, auf deren Arbeitkraft die Deutschen weiterhin angewiesen waren. Dementsprechend änderten sich auch die Selektionskriterien, nach denen die zu erschießenden Juden ausgewählt wurden. Hatten zunächst männliche Juden im wehrfähigen Alter wegen ihrer angeblichen Gefährlichkeit den Großteil der Opfer gestellt, so stiegen ihre – wenn auch begrenzten – Überlebenschancen nun deutlich, weil sie aufgrund ihrer körperlichen Verfassung die wertvollsten Arbeitskräfte darstellten. Dagegen galten Alte, Frauen und Kinder als »unnütze Fresser«, die vorrangig ermordet wurden. Die Überlebenden wurden in Ghettos gepfercht, die von zumeist einheimischen Hilfskräften bewacht wurden.

Ab Mitte August ereilte die lettischen Juden das gleiche Schicksal, hier wurden Ghettos in Riga, Libau und Dünaburg eingerichtet. Ende des Monats gingen auch die im Süden der Sowjetunion operierenden Einsatzgruppen D und C zur vollständigen Vernichtung ganzer Gemeinden über. Für die letztere bildete das Massaker von Kamenec-Podol'skij den entscheidenden Wendepunkt zum unterschiedslosen Massenmord. In die nahe der Grenze zum Generalgouvernement gelegene ukrainische Stadt waren rund 18 000 Juden deportiert worden. Mehrheitlich handelte es sich bei ihnen um Juden aus Ungarn, die entweder keine ungarische Staatsangehörigkeit besaßen oder diese zumindest nicht einwandfrei nachweisen konnten. Die ungarischen Behörden schoben sie über die Grenze nach Galizien ab, von wo aus sie von den Deutschen nach Kamenec-Podol'skij deportiert wurden. Der HSSPF Süd, Friedrich Jeckeln, leitete mit seinem Befehl, alle diese Juden bis zum 1. September zu ermorden, den Übergang zur flächendeckenden Vernichtung der Juden in seinem Befehlsgebiet ein. Innerhalb von drei Tagen ermordete ein Kommando der SS 23 600 jüdische Frauen, Männer und Kinder. Ein Massaker dieses Ausmaßes hatte es in den besetzten Gebieten bis zu diesem Zeitpunkt noch nicht gegeben. Schon einen Monat später wurde es jedoch von einer weiteren Massenvernichtung in den Schatten gestellt.[19]

Am 19. September eroberte die Wehrmacht Kiew. Als kurze Zeit später Sprengstoffanschläge an verschiedenen Punkten der

Stadt Großbrände auslösten, ordnete Jeckeln in Übereinkunft mit dem Führer des Sonderkommandos 4b, Paul Blobel, und dem Stadtkommandanten, Generalmajor Kurt Eberhard, eine »Vergeltungsaktion« gegen die Kiewer Juden an. Diese wurden mittels Hausanschlägen dazu aufgefordert, sich am 29. September früh morgens auf einem bestimmten Platz zu sammeln, um »evakuiert« zu werden. Tatsächlich aber wurden sie aus der Stadt zu der nahe gelegenen Schlucht Babij Jar' transportiert. Dort angekommen, nahmen die Deutschen ihnen ihre Wertsachen und das Gepäck ab und prügelten sie unterstützt von der ukrainischen Hilfspolizei in Richtung der Schlucht. Kurz davor zerrten sie ihnen die Kleider vom Leib. In kleinen Gruppen mussten die Juden in die Schlucht hinabklettern, unten wurden sie erschossen. Die nachfolgenden Juden wurden gezwungen sich auf die Leichen zu legen, so dass ihre Henker ihnen in den Rücken schießen konnten. Auf diese Weise verloren innerhalb von zwei Tagen, in denen beinahe ununterbrochen geschossen wurde, 33 771 Juden ihr Leben. Anschließend sprengten Pioniere der Wehrmacht die Wände der Schlucht, um den riesigen Leichenberg zu bedecken. Augenzeugen zufolge bewegte sich noch Tage später die Erde, weil unter den Leichen verschüttete Überlebende vergebens versuchten, dem Massengrab zu entkommen. Als wenig später der Herbstregen einsetzte, färbten sich die durch die Schlucht fließenden Wassermassen rot vom Blut der Erschossenen.[20]

Der letzte Schritt

Im Bereich der Einsatzgruppe D wurde die Schwelle zum unterschiedslosen Massenmord mit der Liquidierung des Ghettos in Nikolaev Ende September 1941 überschritten. Als am 2. und 3. Oktober mit der Erschießung von 2 200 Juden beiderlei Geschlechts in Mogilëv ein Drittel der dort lebenden jüdischen Bevölkerung ausgerottet wurde, hatte auch die Einsatzgruppe B diesen Schritt vollzogen. Weitere Massaker in Witebsk, Borisov,

Gomel', Bobrujsk und anderen Städten folgten, ganze Landstriche wurden »judenfrei« gemacht. Keine Hemmschwelle, keine anders lautenden Befehle, keine technischen Schwierigkeiten standen der vollständigen Vernichtung der sowjetischen Juden mehr im Wege. Verhaltene Kritik am Vorgehen der Mordkommandos wurde in erster Linie aus wirtschaftlichen Gründen laut. So kritisierten beispielsweise die Wirtschaftsstellen der Wehrmacht wiederholt die Liquidierung von arbeitsfähigen Juden, vor allem von hoch qualifizierten, die sie für kriegswichtige Produktionen benötigten. Der schon erwähnte Kommandeur des Einsatzkommandos 3, Jäger, zog im Dezember 1941 die Bilanz seiner bisherigen Tätigkeit auf sowjetischem Territorium: »Ich kann heute feststellen, dass das Ziel, das Judenproblem für Litauen zu lösen, vom EK 3 erreicht worden ist. In Litauen gibt es keine Juden mehr, außer den Arbeitsjuden incl. ihrer Familien. [...] Diese Arbeitsjuden incl. ihrer Familien wollte ich ebenfalls umlegen, was mir jedoch scharfe Kampfansage der Zivilverwaltung (dem Reichskommissar) und der Wehrmacht eintrug und das Verbot auslöste: Diese Juden und ihre Familien dürfen nicht erschossen werden.«[21]

Diese Anordnung, die in ähnlicher Form auch in den übrigen Gebieten der besetzten Sowjetunion erging, konnte indes den Vernichtungsprozess nur verzögern. Jüdische Facharbeiter wurden später umgebracht als unqualifizierte Arbeitskräfte oder gar arbeitsunfähige Juden, aber letztendlich wurden auch sie umgebracht. Auch hatte sich seit Beginn des Krieges gegen die Sowjetunion die Argumentationslinie umgedreht: Hatten die Mordeinheiten zu Beginn des Krieges begründen müssen, warum sie bestimmte Juden *töteten*, so musste nun begründet werden, warum bestimmte Juden *nicht getötet* wurden. Letztlich aber hatte keine noch so zweckrationale Begründung vor der nationalsozialistischen Ideologie Bestand. Bereits 1942 wurden fast sämtliche noch lebenden sowjetischen Juden umgebracht, eine Minderheit lebte noch einige Monate länger, bevor sie schließlich auch ermordet wurde.[22]

6 Auf dem Weg zur Ermordung der europäischen Juden

Mit der Deportation auch der deutschen Juden in die Ostgebiete ab Ende 1941 sollte die »Judenfrage« endgültig gelöst werden.

Die Verschärfung der Judenverfolgung war 1939 nicht auf die polnischen Gebiete beschränkt geblieben. Auch in den übrigen von Deutschland besetzten Territorien war es zu judenfeindlichen Maßnahmen gekommen. Die drastischsten Formen hatte die Behandlung der Juden in Serbien angenommen. Im April 1941 hatte die Wehrmacht Griechenland und Jugoslawien erobert. Beide Länder wurden in eine deutsche und eine italienische Besatzungszone geteilt, Jugoslawien zudem in die Gebiete Slowenien, Kroatien und Serbien gegliedert. Während in Kroatien die Herrschaft den faschistischen Ustaša unter ihrem Führer Ante Pavelić übertragen wurde, errichteten die Deutschen in Serbien eine Militärverwaltung. In weitgehender Analogie zum Vorgehen in Polen führten die Deutschen auch dort eine Reihe antijüdischer Maßnahmen durch, die von Enteignung und Entrechtung über die äußerliche Kennzeichnung bis zur Zwangsarbeit reichten.

Unmittelbar nach dem deutschen Angriff auf die Sowjetunion setzte in Serbien eine starke Widerstandsbewegung ein, die sich durch einen organisierten Partisanenkampf und häufige Anschläge auf deutsche Einrichtungen und Soldaten manifestierte. Die exzessiven Kollektivstrafen gegen ganze Dörfer und die Erschießung von Verdächtigen und Geiseln – unter denen sich auch zahlreiche Juden befanden – blieben erfolglos. Am 16. September 1941 befahl daher der Chef des Oberkommandos der Wehrmacht, Generalfeldmarschall Wilhelm Keitel, für jeden getöteten deutschen Soldaten fünfzig bis hundert serbische »Kommunisten« zu erschießen. Zwar forderte der Wehrmachtsbefehlshaber Süd, Generalfeldmarschall Wilhelm List, eine Einzelfallprüfung, um die Erschießung von Unschuldigen zu verhindern. Dergleichen war aber natürlich kaum möglich, denn wie sollte man erkennen, welche Zivilisten den Partisanen Unterstützung und Hilfe gewährten, wenn man in den meisten Fällen nicht einmal die Partisanen selbst erkennen konnte? Deshalb befahl General Franz Böhme, der Bevollmächtigte Kommandierende General, am 10. Oktober die prophylaktische Festnahme sämtlicher Juden, Kommunisten, als Kommunisten verdächtigter Männer sowie einer bestimmten Anzahl nationalistisch oder demokratisch gesinnter Einwohner als Geiseln. Wie in der Sowjetunion offenbarte sich hier das auch in der Wehrmacht weit verbreitete antisemitische Gedankengut. Die militärischen Befehlshaber gingen wie selbstverständlich von der deutschfeindlichen Haltung der jüdischen Bevölkerung aus. Nach jedem Anschlag wurde eine nach dem Schlüssel eins zu hundert bestimmte Anzahl von Juden zur Abschreckung erschossen. Innerhalb weniger Wochen waren fast alle männlichen Juden im wehrfähigen Alter auf diese Weise umgebracht worden. Die Frauen dagegen blieben vorerst am Leben. Dass die weiblichen Juden – zu einem Zeitpunkt, als die Einsatzgruppen in der Sowjetunion bereits zur unterschiedslosen Liquidierung ganzer jüdischer Gemeinden übergegangen waren – geschont wurden, beweist, dass ein zentraler Mordbefehl zur systematischen Ermordung aller europäischer Juden zu diesem Zeitpunkt noch nicht vorgelegen haben kann. Ohnehin spricht die Liquidierung der männlichen Juden in Serbien gegen eine zentral gesteuerte, umfassende Vernichtungspolitik. Anders als in der Sowjetunion war die Wehrmacht in Serbien nicht nur Unterstützer, sondern Haupttäter. Die Tötungswelle folgte durchgängig einer – wenn auch rassistisch aufgeladenen und rücksichtslosen – militärischen Logik. Daraus erklärt sich, dass Frauen, Kinder und Greise von den Erschießungen verschont blieben. Dennoch wurden auch auf dem Balkan die Juden nicht nur getötet, wenn sie als Partisanen oder Kommunisten galten, sondern weil sie Juden waren und als solche im Verdacht standen, deutschfeindlich zu sein. Acht Jahre nach der nationalsozialistischen Machtergreifung war die Rassenlehre zu einem wichtigen Baustein des »logischen« Denkens in weiten Kreisen der Bevölkerung geworden.[1]

Gegen eine zentral gesteuerte Vernichtungspolitik im zweiten Halbjahr 1941 sprechen auch die Geschehnisse in Galizien. Dieser Teil Polens war nach dem Hitler-Stalin-Pakt Teil der Ukrainischen Sowjetrepublik geworden, wurde aber im Unterschied zu den übrigen polnischen Ostgebieten am 1. August 1941 dem Generalgouvernement angegliedert. Wie in anderen Teilen der Ukraine brachen auch in einigen Städten Galiziens nach dem deutschen Einmarsch judenfeindliche Pogrome aus, die von den Besatzern zumindest nicht behindert, wenn nicht gar unterstützt wurden. Das blutige Handwerk der in erster Linie ukrainischen Judenfeinde setzten die Einsatzgruppe C sowie andere Einheiten der deutschen Sicherheitspolizei fort. In verschiedenen Orten exekutierten sie bis Jahresende mindestens 55 000 Juden. Trotz der hohen Tötungsziffern war das Vorgehen jedoch uneinheitlich; nur in wenigen Städten wurden Ghettos errichtet, und die meisten größeren Massaker fanden im Süden Galiziens statt. Dennoch passt sich die Vernichtungspolitik in diesem Distrikt in das Gesamtbild der Geschehnisse des Jahres

1941 ein. Auch in Galizien konnten die Mörder ungehindert ihrem blutigen Handwerk nachgehen, ohne dass sie ein Veto aus Berlin erreicht hätte. Mit der Einrichtung von Ghettos schufen sie zudem die Voraussetzung, in näherer Zukunft auch die überlebenden Juden zu ermorden.[2]

Die physische Vernichtung hatte sich als die lange gesuchte Möglichkeit zur »Lösung der Judenfrage« erwiesen, und es lag nahe, diese Methode auch auf die übrigen europäischen Juden auszuweiten. Ein Automatismus existierte jedoch nicht. Weder durch Westeuropa noch durch das Deutsche Reich oder Polen zogen Mordeinheiten, die die Aufgabe der Einsatzgruppen in der Sowjetunion übernommen hätten. Ein solches Vorgehen hätte auch dem Bestreben der Nationalsozialisten widersprochen, die Vernichtungspolitik in der Sowjetunion geheim zu halten. Zudem ist nicht klar, wie weit die Kenntnis über die Erschießungen hinter der Ostfront verbreitet war. Für die meisten auf die Abschiebung »ihrer« Juden drängenden Gauleiter scheint zudem deren pures Verschwinden »im Osten« entscheidend gewesen zu sein. Die Frage, was dort mit ihnen geschehen sollte, blieb offen.

Die Entwicklung im Reich

In Deutschland war inzwischen der Weg der administrativen Entrechtung und Segregation auch nach September 1939 weiter beschritten worden. Eine Fülle neuer Verordnungen verbot den Juden die Benutzung der öffentlichen Verkehrsmittel und den Besitz von Fahrrädern oder Radios. In vielen Städten waren zudem so genannte »Judenhäuser« eingerichtet und Juden aus ihren angestammten Wohnungen und Häusern dorthin verdrängt worden.[3] Anders als etwa im Generalgouvernement existierte jedoch im Deutschen Reich weiterhin keine Kennzeichnungspflicht. Auch die Versuche, Juden aus Deutschland zu deportieren, waren weitgehend gescheitert. Zwar hatte man noch im Februar 1941 versucht, die in Wien herrschende Wohnungsnot durch die Deportation von 60000 österreichischen Juden zu beheben. Diese Umsiedlungspläne waren aber – wie so viele andere vor ihnen – an mangelnden Transport- und Aufnahmekapazitäten gescheitert.

Dennoch hielt auch Hitler weiterhin an den Plänen fest, das Reich, ja Europa durch Deportationen »judenfrei« zu machen. Seine Äußerungen hinsichtlich der Bestimmungsorte für die Deportationen blieben jedoch unklar. Als die Planungen für den Krieg gegen die UdSSR zunehmend konkrete Gestalt annahmen, richteten immer mehr NS-Funktionäre ihre Hoffnung auf das sowjetische Territorium als Ort für die baldige »Lösung der Judenfrage«. Generalgouverneur Frank etwa ging im Juni 1941 fest davon aus, die polnischen Juden schon in naher Zukunft durch die »Abschiebung nach dem Osten« loszuwerden. Andere NS-Funktionäre äußerten ähnliche Hoffnungen. Zuversichtlich erklärte Hitler wenige Wochen vor Beginn des »Unternehmens Barbarossa«, nach Abschluss des Krieges werde es keine Juden mehr in Deutschland geben.

Vor diesem Hintergrund entwarf Reinhard Heydrich im Frühjahr 1941 eine Vollmacht, mittels derer er sich von Göring die Federführung bei der Suche nach einer »Gesamtlösung der Judenfrage im deutschen Einflussgebiet in Europa« übertragen lassen wollte. Die ersehnte Unterschrift des Reichsmarschalls, den Hitler im November 1938 zum Verantwortlichen für die Judenfrage ernannt hatte, erhielt Heydrich jedoch erst am 31. Juli.[4] Vorher hatte Hitler die Kompetenzen über die besetzten Ostgebiete verteilt und dabei dem neu ernannten Reichsminister für die besetzten Ostgebiete, Alfred Rosenberg, wesentliche Rechte zugebilligt. Mit Görings Vollmacht erhielt Heydrich die Legitimation, um sich in der »Judenfrage« nicht nur gegen Rosenberg und die ihm unterstehende Zivilverwaltung, sondern auch gegen die Wehrmacht durchzusetzen. Um seinen Anspruch zu untermauern, ergriff er sogleich die Initiative und drängte bei Hitler auf die Erlaubnis, die Juden schon während des Krieges aus dem Altreich deportieren zu dürfen. Dabei ging er über die

Definition der Juden gemäß den Nürnberger Gesetzen hinaus und wollte jeden abtransportieren, der mindestens einen jüdischen Elternteil hatte, was einmal mehr beweist, welch große Bedeutung der Eigeninitiative der Hitler unterstellten Funktionäre zukam. In diesem Fall wehrte Hitler jedoch beide Vorschläge ab. Als am 18. August Joseph Goebbels sein Glück versuchte – der Gauleiter von Berlin, der Stadt mit den weitaus meisten jüdischen Einwohnern in Deutschland – stieß er ebenfalls auf Ablehnung. Immerhin aber konnte er Hitler dazu bewegen, die lange geforderte Kennzeichnungspflicht für Juden auch im Reich zu genehmigen. Ab 1. September 1941 mussten alle Juden, die älter als sechs Jahre waren, einen großen gelben Davidstern mit der Aufschrift »Jude« auf ihrer Kleidung tragen. Bezüglich der Deportation versprach Hitler seinem Propagandaminister jedoch lediglich, die Reichshauptstadt nach dem siegreichen Ende des Krieges besonders zügig »judenfrei« zu machen.[5]

Aber der Druck auf Hitler nahm zu. Goebbels inszenierte eine groß angelegte antijüdische Propagandakampagne. Nach den Bombenangriffen auf Hamburg und Köln im September wandten sich auch die dortigen Gauleiter an Hitler mit der Bitte, die Juden aus den Städten entfernen zu dürfen, um ihre Wohnungen »Ariern« zuzuteilen, die durch die Luftangriffe das Dach über dem Kopf verloren hatten. Schließlich drängte auch SS-Sturmbannführer Carltheo Zeitschel, der in der deutschen Botschaft in Paris als Verbindungsmann zum SD fungierte, auf die Abschiebung *sämtlicher* Juden aus dem deutsch besetzten Teil Europas in die besetzten Ostgebiete. Dem Leiter der Botschaft, Otto Abetz, schlug er vor, Hitler zu einer Einwilligung zu bewegen.

Am 16. September traf sich Abetz tatsächlich mit Hitler und Himmler zu einem Gespräch, das offensichtlich das gewünschte Ergebnis zeitigte. Ob allein die wiederholten Vorstöße seiner Untergebenen Hitler umgestimmt hatten, kann nur schwer beurteilt werden. Der weitgehend reibungslose Fortgang der Massenvernichtung im Osten, die Erfahrung, dass die »Endlösung der Judenfrage« in der Sowjetunion durch Erschießen möglich war, dürften ebenfalls eine Rolle gespielt haben. Denkbar ist auch, dass Hitler nach den militärischen Erfolgen im Südosten der Front, die schließlich in der Einnahme Kiews mündeten, glaubte, dem »Endsieg« nahe zu sein. Das könnte ihn veranlasst haben, die Deportation der Juden, die er eigentlich für die Zeit nach dem Krieg geplant hatte, vorzuziehen.[6] Ein weiterer Erklärungsansatz geht davon aus, Hitler habe – einem Ratschlag Alfred Rosenbergs folgend – die deutschen Juden quasi als Vergeltung für die von Stalin kurz zuvor angeordnete Umsiedlung der Wolgadeutschen nach Kasachstan deportieren lassen.[7]

Wie dem auch sei, entscheidend war Hitlers Einwilligung. Am 18. September schrieb Himmler an Arthur Greiser, den Gauleiter des Warthelands: »Der Führer wünscht, dass möglichst bald das Altreich und das Protektorat vom Westen nach dem Osten von Juden geleert und befreit werden.«[8] Er, Himmler, wolle die Juden zunächst ins Generalgouvernement transportieren und von dort aus im Frühling des kommenden Jahres weiter nach Osten. Unverzüglich begann wieder das alte Spiel: Wie schon seit 1939 wollte kein deutscher Machthaber in Polen Juden aus dem Altreich aufnehmen. Franks Veto gegen die Aufnahme von 60 000 Juden im Ghetto Lodz warf die Frage auf, wohin die Juden sonst verschleppt werden könnten. Die Frage stellte sich umso drängender, als Hitler in den ersten Oktobertagen sogar seine Bereitschaft hatte erkennen lassen, noch 1941 möglichst viele Juden aus dem Reich nach Osten zu verschleppen.

Wenige Tage später bestimmte Himmler zwei weitere Ziele für die Deportationen: Riga und Minsk, beides Zentren des Massenmords in den besetzten Ostgebieten. Nicht zuletzt deshalb stellt der Beginn der Deportationen aus dem Reichsgebiet den entscheidenden Schritt auf dem Weg zur vollständigen Vernichtung der europäischen Juden dar. Bis dahin hatte sich die Judenvernichtung innerhalb der besetzten sowjetischen Gebiete radikalisiert, immer mehr Juden waren von den Einsatzgruppen und den ihnen unterstehenden Einheiten ermordet worden. Ob diese Radikalisierung auf Hitler zurückging oder das Ergebnis von vorauseilendem Gehorsam und lokaler Initiative war, sei dahingestellt. Zumindest aber hatte Hitler keinen Einspruch gegen die Mordaktivitäten im Osten erhoben, von denen er zweifellos Kenntnis hatte. Hätte er dies getan, wären sie mit Sicherheit unverzüglich eingestellt worden.

Im Reich dagegen konnte sich eine derartige Dynamik nicht entfalten, weil Hitler seine Einwilligung zu bestimmten Verschärfungen verweigerte, wie Goebbels halber Erfolg im August 1941 zeigt. Zudem war es undenkbar, in aller Öffentlichkeit Massaker an den Juden zu vollbringen, wie sie in den besetzten Gebieten der Sowjetunion an der Tagesordnung waren. Nachdem die seit 1939 laufende Ermordung geistig Behinderter in der Bevölkerung bekannt geworden war und für Unruhe gesorgt hatte, wollte die NS-Führung die geplante Vernichtung der Juden auf jeden Fall geheim halten.

Mit der Deportation der Juden in die Gebiete, in denen seit Monaten Massenexekutionen durchgeführt wurden, war die wichtigste Schwelle überschritten, selbst wenn Hitler wahrscheinlich keinen Befehl erteilt hatte, die deutschen Juden am Bestimmungsort der Deportationen umzubringen. Durch die Deportationen kamen die Juden zu ihren Henkern, zu Menschen, die begriffen hatten, dass die »Lösung der Judenfrage« durch die physische Vernichtung möglich war, wohingegen alle anderen Lösungsversuche gescheitert waren. Die Einbeziehung der deutschen Juden in den Radikalisierungs- und Vernichtungsprozess schien für diese Menschen nur folgerichtig zu sein. Da die entscheidenden Instanzen in Berlin über die Tätigkeit der Einsatzgruppen unterrichtet waren, kann kein Zweifel daran bestehen, dass der Mord an den deutschen Juden als Folge der Deportation gewollt war.

Strittig blieben einmal mehr die technische Umsetzung sowie die Frage, in welchem Zeitraum die vollständige Vernichtung durchführbar sei. Zwar war offiziell weiterhin die Rede von einer »Ansiedlung« der Juden im Osten, in den Zielgebieten der Deportationen wurden jedoch keinerlei Aufnahmekapazitäten geschaffen, statt dessen traf man Vorkehrungen, um die Tötungsmaschinerie zu verbessern.[9]

Auf der Suche nach einer neuen Vernichtungsmethode

Derweil setzte sich die Vernichtungspolitik in den sowjetischen Gebieten fort. Am 15. August 1941 ließ sich der in Minsk weilende Heinrich Himmler eine Exekution vorführen. Die Grausamkeit der Szenen, deren Zeuge er wurde, entsetzte den »Reichsführer SS«. Sein Mitleid galt jedoch nicht den erschossenen Juden, sondern den Tätern. Die psychische Belastung, die diese Männer aushalten müssten, waren für Himmler Grund genug, den anwesenden Bach-Zelewski sowie Artur Nebe mit der Suche nach einer neuen, weniger belastenden Tötungsmethode zu beauftragen. Bach-Zelewski verfiel zunächst auf die Idee, Juden mittels Sprengstoff umzubringen. Ein erster »Versuch« an psychisch Kranken aus einer Heilanstalt bei Minsk fiel jedoch nicht zu seiner Zufriedenheit aus. Weit verstreut liegende, teilweise in den umstehenden Bäumen hängende Leichenteile ließen diese Methode als noch größere psychische Belastung erscheinen als die Erschießungen.

Als wesentlich vielversprechender erwiesen sich erste Versuche mit Giftgas. Anfang September wurden auf Geheiß Bach-Zelewskis Kfz-Abgase in einen zugemauerten Raum geleitet, in den zuvor 500 Geisteskranke gesperrt worden waren. Schon nach wenigen Minuten waren sie erstickt. Offensichtlich, um den Bedürfnissen der mobilen Einsatzgruppen gerecht zu werden, verfiel Nebe auf die Idee, die Vergasung unmittelbar in den Abgas produzierenden Kraftfahrzeugen stattfinden zu lassen. Hierfür wurden die Abgase eines Kastenwagens mit einem Schlauch aus dem Auspuff direkt in den luftdicht abgeschlossenen Kasten geleitet. Nachdem eine »Probevergasung« von vierzig russischen Gefangenen erfolgreich verlaufen war, bestellte das RSHA dreißig solcher Gaswagen bei einer privaten Firma.

Den Mördern im Osten kam bei der Entwicklung dieser Vernichtungstechnik zugute, dass kurz zuvor die erste planmäßige Massentötung des nationalsozialistischen Regimes, das »Euthanasie«-Programm, beendet worden war. Seit Oktober 1939 waren auf ausdrückliche Anweisung Hitlers mehr als 70 000 Insassen von Pflegeheimen und psychiatrischen Anstalten, die als »unheilbar krank« galten, das heißt schwere körperliche oder geistige Behinderungen aufwiesen, umgebracht worden. Etwas früher war bereits die Ermordung von rund 10 000 Behinderten in den annektierten polnischen Gebieten angelaufen. Neben anderen Tötungsmethoden waren dabei auch Gaswagen eingesetzt worden.

Auf Reichsgebiet wurden in Brandenburg, Grafeneck, Hartheim, Sonnenstein, Hadamar und Bernburg sechs Tötungszentren eingerichtet, in denen Zehntausende von Menschen mit Kohlenmonoxid vergast wurden. Im August 1941 lief das Programm, das wegen der Adresse des Hauptquartiers im Tiergarten 4 den Decknamen »T4« erhalten hatte, aus. Die mutigen Predigten des Bischofs von Münster, Clemens August Graf von Galen, erregten zwar den Unmut der Machthaber – Goebbels wollte gar ein Exempel an ihm statuieren –, es ist aber unklar, ob sie und der dadurch ausgelöste öffentliche Protest der Grund für die Einstellung der »T4-Aktion« waren. Denn beinahe nahtlos knüpfte das nächste Euthanasieprogramm, der Mord an behinderten Konzentrationslagerhäftlingen (Deckname »14f13«), an die vorangegangenen Tötungen an. Umfang und Aufwand dieser Maßnahmen waren jedoch deutlich geringer als bei der »T4-Aktion«. Führende Experten, die Erfahrung mit der Tötung durch Gas gesammelt hatten, konnten deshalb für andere Aufgaben eingesetzt werden. Sie brachten das Know-how mit, das Himmlers Männer für den Aufbau einer noch effizienteren Mordmaschinerie im Osten brauchten.[10]

Ungefähr zur selben Zeit, als die ersten Judentransporte Deutschland Richtung Osten verließen, wurde an den Bestimmungsorten der Deportationen mit dem Aufbau einer gasbasierten Vernichtungstechnologie begonnen. Zwei in Riga und Mogilëv geplante Vernichtungslager wurden zwar nicht realisiert, bis zum Jahreswechsel 1941/42 setzte man aber in allen vier Einsatzgruppen Gaswagen ein. Auch in Chełmno (Kulmhof) im Warthegau fuhr seit Oktober/November eine solche mobile Mordmaschine. Dagegen wurden im Konzentrationslager Auschwitz, das bis dahin als Lager für politische Häftlinge und sowjetische Kriegsgefangene genutzt wurde, Vergasungen im Krematorium vorgenommen. Der Kommandant des Lagers, Rudolf Höß, hatte nach ersten erfolgreichen Experimenten mit dem Insektenmittel Zyklon B auch schon die Tötungsmethode gefunden, die im folgenden Jahr zur fabrikmäßigen Massenvernichtung der europäischen Juden perfektioniert wurde. Am 22. Oktober 1941 erhielt die Firma Topf & Söhne den Auftrag zum Bau eines neuen, größeren Krematoriums in Auschwitz, das technisch besser für die doppelte Nutzung als Ort der Tötung und der Leichenbeseitigung geeignet sein sollte als das bestehende. Ebenfalls im Herbst 1941 fiel zudem die Entscheidung, auch in Bełzec bei Lublin ein Vernichtungslager zu errichten.[11]

Trotz all dieser Vorbereitungen gab es wohl weiterhin keinen Befehl, sämtliche Juden zu ermorden, selbst wenn die Absicht hierzu bei vielen Verantwortlichen bestanden haben dürfte. Am 25. Oktober schrieb der Rassereferent im Reichsministerium für die besetzten Ostgebiete, Erhard Wetzel, einen Brief an Hinrich Lohse, in dem er diesem die Ankunft von Juden aus dem Altreich avisierte, die »im Osten« als Zwangsarbeiter eingesetzt werden sollten. Die nicht mehr arbeitsfähigen Juden könnten »mit den Brackschen[12] Hilfsmitteln beseitigt werden.«[13] Zu diesem Zweck solle Lohse sich um die Entsendung der T4-Experten bemühen, um vor Ort die benötigte Technik zu installieren. Aber auch dies war eine Empfehlung, keine klare Handlungsanweisung. Insgesamt herrschte weiterhin keine Sicherheit darüber, wie mit den ankommenden Juden zu verfahren sei, wie auch das unterschiedliche Schicksal der ersten Transporte von Juden aus dem Reichsgebiet zeigte.

Die Deportation deutscher Juden

Hitlers Erlaubnis, »Reichsjuden« zu deportieren, löste eine enorme Aktivität aus. Noch innerhalb der verbleibenden Monate bis zum Ende des Jahres 1941 sollten 60 000 Juden aus dem Deutschen Reich geschafft werden. In beinahe sämtlichen Großstädten wurden Razzien durchgeführt, Juden für die Transporte ausgewählt und diese von den Bahnhöfen aus nach Osten geschickt. Generell waren sämtliche Juden in Deutschland von der Deportation bedroht, ausgenommen wurden lediglich diejenigen, die über 60 Jahre alt waren, einen »arischen« Ehepartner hatten, in kriegswichtigen Industrien arbeiteten oder eine ausländische Staatsbürgerschaft besaßen.

Am 15. Oktober 1941 verließ der erste Zug mit österreichischen Juden Wien in Richtung Osten. Bestimmungsort dieses Transportes war Lodz. Bis zum 4. November wurden rund 20 000 Juden und 5 000 »Zigeuner« aus dem Deutschen Reich und dem Protektorat in die Industriestadt im Warthegau deportiert und in das dortige Ghetto gepfercht, aber nicht ermordet. Offensichtlich interpretierten die Verantwortlichen in Lodz Hitlers Deportationserlaubnis zunächst tatsächlich nur als solche. Eine weitergehende Anweisung zur Vernichtung der Juden lag offensichtlich nicht vor. Beinahe zur gleichen Zeit, am 23. Oktober, erteilte Himmler dem Chef der Geheimen Staatspolizei, Müller, den Befehl, von nun an keine Auswanderung von Juden mehr zuzulassen. Damit war die Deportation »nach dem Osten« nicht mehr eine von vielen Möglichkeiten, sondern das Mittel der Wahl zur »Lösung der Judenfrage«. Kurz darauf wurde vom Reichsfinanzministerium bestimmt, das Vermögen der Juden einzuziehen, die »in den nächsten Monaten« deportiert werden sollten. Wie schon bei den Auswanderungsprogrammen der 1930er Jahre sollte die »Lösung der Judenfrage« das Deutsche Reich gleichzeitig die Verfügungsgewalt über den Besitz der Juden bringen.[14]

Die ersten Transporte deutscher Juden, die nicht nach Polen, sondern ins Ostland gingen, erreichten die weißrussische

Hauptstadt Minsk am 8. November. Spätestens jetzt musste jedem von ihnen klar sein, dass es sich um mehr handelte als die angekündigte Umsiedlung. Um Platz für die Neuankömmlinge zu schaffen, hatte der SD dort über 11 000 einheimische Juden liquidiert, deren Leichen sich noch an der Exekutionsstelle befanden. Den Hamburger Juden wurde befohlen, Massengräber auszuheben und die Körper der Erschossenen dort zu verscharren. Die hygienischen Verhältnisse in diesem größten aller im besetzten Europa errichteten Ghettos waren verheerend, auch die Versorgungslage war katastrophal. Erschwerend kam hinzu, dass sich die deutschen Juden aufgrund der Sprachschwierigkeiten weder mit den anderen Ghettobewohnern noch mit der weißrussischen Bevölkerung verständigen konnten. Ein Ausbruch aus dem Ghetto oder auch nur der Erhalt von geschmuggelten Lebensmitteln war dementsprechend für sie noch schwieriger als für die einheimischen Juden.

Dennoch war ihr Schicksal zumindest vorerst besser als das derjenigen Juden, die man nicht nach Minsk, sondern nach Riga deportierte. Jene wurden unmittelbar nach Ankunft des Zuges von Truppen der SS und einheimischen Hilfstruppen erschossen. Am 10. oder 11. November hatte Himmler Jeckeln mit der Auflösung des Rigaer Ghettos beauftragt, die dieser sogleich in Angriff nahm.

Als am 27. November der erste Transport Berliner Juden in der lettischen Hauptstadt eintraf, wurden sie in diesen Vernichtungsprozess einbezogen. Schon einige Tage früher waren fünf Züge mit Juden aus Deutschland nach Kowno geleitet und die Deportierten ebenfalls exekutiert worden. Erstmals waren auch deutsche Juden der nationalsozialistischen Vernichtungspolitik zum Opfer gefallen. Gleichzeitig war es der erste Massenmord an deutschen Juden seit dem Mittelalter.[15]

Reichskommissar Lohse, der kurz vorher noch gegen die Deportationen in das »Ostland« protestiert hatte, nahm als Augenzeuge an den Erschießungen in Riga teil und bekundete damit sein Einverständnis. Sein vorheriger Protest war wohl allein der

Sorge geschuldet gewesen, noch mehr Juden in seinem Verwaltungsgebiet aufnehmen zu müssen, als dort ohnehin schon lebten. Nachdem er von der Absicht unterrichtet worden war, die Juden in Riga gewaltsam zu dezimieren, fiel der Grund für seine Ablehnung weg.

Widerstand regte sich indes von anderer Seite. Der Kommandeur der Sicherheitspolizei (KdS) Lettland, Sturmbannführer Rudolf Lange, fühlte sich als regionaler Bevollmächtigter des RSHA von Jeckeln übergangen und wandte sich an seinen Chef Reinhard Heydrich, der sich seinerseits telefonisch mit Himmler in Verbindung setzte. Dieser notierte nach dem Telefonat: »Judentransporte aus Berlin. Keine Liquidierung«[16].

Die Intervention kam jedoch zu spät, die Berliner Juden waren bereits in Riga erschossen worden. Himmler rief Jeckeln daraufhin scharf zur Ordnung und erklärte, die Transporte aus Deutschland sollten nur nach seinen jeweiligen Richtlinien behandelt werden. Für die Erschießungen in Kowno maßregelte der »Reichsführer SS« seinen Untergebenen jedoch nicht. Anstoß seines Zorns war nur Jeckelns Eigenmächtigkeit, nicht die Ermordung der Juden im Allgemeinen.[17]

Es waren rein pragmatische Gründe, die den Vernichtungsprozess vorerst verlangsamten. Am 20. November hatte sich der Wehrmachtbefehlshaber Ostland, Generalleutnant Walter Braemer, gegen die Deportationen mit dem Argument gewandt, sie stärkten die Partisanen und entzögen der Wehrmacht notwendige Transportkapazitäten. Angesichts der angespannten Lage an der Ostfront war das ein schlagendes Argument, zumal Hitler die Deportationen nur unter der Bedingung genehmigt hatte, dass der militärische Transportbedarf gewährleistet sei.

Die Deportationen nach Minsk wurden daraufhin vorübergehend, das heißt bis Frühjahr 1942, eingestellt, die nach Riga gingen dagegen weiter. Als der letzte Zug Riga Ende Februar 1942 erreichte, waren 58 000 Juden aus Deutschland ins Reichskommissariat Ostland und ins Generalgouvernement deportiert worden.[18]

Vereinheitlichung des Kenntnisstands

Trotz des zwischenzeitlichen Stopps der Exekutionen lassen Äußerungen führender Vertreter des NS-Regimes keinen Zweifel daran, dass die Vernichtung der Juden beschlossene Sache war. Hitler selbst erging sich wiederholt in langen Monologen über die »Ausrottung« der Juden. So erklärte er am 21. Oktober 1941: »Wenn wir diese [jüdische] Pest ausrotten, so vollbringen wir eine Tat für die Menschheit, von deren Bedeutung sich unsere Männer draußen noch gar keine Vorstellung machen können.«[19] Noch deutlicher wurde sein Chefideologe Rosenberg, als er der Presse vertraulich erläuterte, die »Judenfrage« könne nur durch »biologische Ausmerzung des gesamten Judentums in Europa« gelöst werden.[20] Rosenberg hatte offensichtlich verstanden, was sein »Führer« wollte, Himmler, Heydrich und die SS-Kommandeure im Osten ebenfalls. Das Versäumnis, diese Erkenntnis allen relevanten Stellen mitzuteilen, führte zu Irritationen und Nachfragen sowie letztendlich zu Stockungen im Vernichtungsprozess.

Beispielsweise verbot Lohse im November die Erschießung von Juden, das RSHA intervenierte daraufhin beim Reichsministerium für die besetzten Ostgebiete, aus dem wiederum eine Stellungnahme Lohses erbeten wurde. Dieser bat danach um eine Bestätigung, ob »alle Juden im Ostland liquidiert werden sollten«.[21] Es mag diese Situation oder auch die Gewissheit gewesen sein, dass die Vernichtung aller europäischen Juden in einem absehbaren Zeitraum möglich war und noch während des Krieges in Angriff genommen werden sollte, die Hitler dazu veranlasste, die Reichs- und Gauleiter der NSDAP für den 12. Dezember 1941 zu einer Konferenz zusammenzurufen. Einen Tag vor der Sitzung änderte sich die strategische Situation des Deutschen Reiches grundlegend: Am 7. Dezember hatten japanische Trägerflugzeuge die amerikanische Flotte in Pearl Harbor angegriffen, worauf die USA mit der Kriegserklärung antworteten. Hitler demonstrierte seine Solidarität mit seinem pazifischen Verbündeten und trat am 11. Dezember gleichfalls in den Krieg gegen die Vereinigten Staaten ein. Dieses Thema sollte auch das Zusammentreffen der Parteispitze am folgenden Tag dominieren. Goebbels notierte dazu in seinem Tagebuch: »Bezüglich der Judenfrage ist der Führer entschlossen, reinen Tisch zu machen. Er hat den Juden prophezeit, dass, wenn sie noch einmal einen Weltkrieg herbeiführen würden, sie dabei ihre Vernichtung erleben würden. Das ist keine Phrase gewesen. Der Weltkrieg ist da, die Vernichtung des Judentums muss die Folge sein. [...] Wenn das deutsche Volk jetzt wieder im Ostfeldzug an die 160.000 Tote geopfert hat, so werden die Urheber dieses blutigen Konflikts dafür mit ihrem Leben bezahlen müssen.«[22]

Deutlich wie nie zuvor hatte Hitler damit seine Absichten zu erkennen gegeben. Von einem Befehl oder auch nur Beschluss lässt sich dennoch nicht sprechen.[23] Nicht zufällig berief sich keiner der Teilnehmer nach dem Krieg auf diese Aussagen, um sein eigenes Handeln zu rechtfertigen. Goebbels selbst sollte erst im folgenden Frühjahr feststellen, was genau sich hinter Hitlers Ankündigung verbarg.[24] Diejenigen aber, die bereits mit der Vernichtungspolitik konfrontiert gewesen waren, wussten nun endgültig, dass diese Politik dem Willen des »Führers« entsprach. In diesem Sinne bereitete Hans Frank seine Distriktgouverneure und Abteilungsleiter nach seiner Rückkehr aus Berlin auf die bevorstehende Aufgabe vor: »Mit den Juden – das will ich ganz offen sagen – muss so oder so Schluss gemacht werden. [...] Ich habe Verhandlungen zu dem Zwecke angeknüpft, sie nach dem Osten abzuschieben. [...] Man hat uns in Berlin gesagt: Weshalb macht man diese Scherereien? Wir können im ‚Ostland' oder im ‚Reichskommissariat' auch nichts mit ihnen anfangen, liquidiert sie selber! Meine Herren, ich muss Sie bitten, sich gegen alle Mitleidserwägungen zu wappnen. Wir müssen die Juden vernichten, wo immer wir sie treffen und wo es irgend möglich ist, um das Gesamtgefüge des Reiches hier aufrechtzuerhalten.«[25]

Was Frank hier aussprach, war die Erkenntnis, dass die »Lösung der Judenfrage« die physische Auslöschung, die Ermordung *sämtlicher* Juden bedeutete. Hatten während der Ermordung der sowjetischen oder serbischen Juden noch Zweifel bestehen können, ob eine solche Behandlung auch Juden aus anderen Ländern zuteil werden sollte, so waren diese Zweifel nun ausgeräumt, da selbst die deutschen Juden in den Vernichtungsprozess einbezogen wurden. Am 16. Dezember 1941 ließ sich Generalkommissar Kube diese Version noch einmal bestätigen, als er schriftlich bei seinem Vorgesetzten in Riga, Hinrich Lohse, nachfragte, ob auch tatsächlich die »Menschen aus unserem Kulturkreis«, unter denen sich »Frontkämpfer mit dem Eisernen Kreuz erster und zweiter Klasse« befänden, so behandelt werden sollten wie »die bodenständigen vertierten Horden«, das heißt die weißrussischen Juden.[26] Offensichtlich erhielt Kube kurz darauf einen positiven Bescheid, denn er beschwerte sich fortan nicht mehr. Die Vernichtung der nach Weißruthenien deportierten Juden vollzog sich weitgehend plangemäß. Auch Lohse erhielt auf seine Anfrage vom November nun die Antwort, dass wirtschaftliche Belange in der »Judenfrage« nicht mehr berücksichtigt, sprich sämtliche Juden liquidiert werden sollten.[27]

Mit der Ermordung der deutschen Juden war die letzte moralische Hemmschwelle überschritten, die noch hätte bestehen können. Wenn die NS-Funktionäre vor der massenhaften Tötung ihrer eigenen Nachbarn nicht zurückschreckten, gab es für sie keinen Grund, die Juden anderer Nationen zu schonen.

Der Weg zur Endlösung

Auch acht Jahre nach der »Machtergreifung« hatten die Nationalsozialisten noch keine Antwort auf die Frage gefunden, wie sich die »Judenfrage« lösen ließ. Klar war nur, dass die bisher beschrittenen Wege in eine Sackgasse geführt hatten. Durch die Eroberung weiter Teile Europas und die infolgedessen stark angewachsene Zahl der im deutschen Machtbereich lebenden Juden hatte sich das »Problem« erheblich verschärft. Eine weitere Verschärfung drohte mit der geplanten Okkupation der sowjetischen Gebiete. Zudem sahen die Nationalsozialisten in den Juden im Land des ideologischen Erbfeinds, des Sowjetkommunismus, eine besondere Gefahr. Antisemitische und antislawische Ressentiments verschmolzen schon im Vorfeld des Angriffs auf die Sowjetunion mit dem politischen Leitbild des Antibolschewismus zu dem diffusen Feindbild des »jüdischen Bolschewisten«. Die vermeintliche Heimtücke und Gefährlichkeit dieses Gegners voraussetzend, erarbeitete die Führung von SS und Militär Befehle, die seiner frühzeitigen Ausschaltung dienen sollten und die im krassen Widerspruch zu Geist und Buchstaben des Völkerrechts standen. Zumindest unterschwellig enthielten sie eine deutlich antijüdische Stossrichtung. Zusätzlich wurde mit den Einsatzgruppen des SD eine Truppe aufgestellt, die allein schon durch die ideologische Vorprägung ihres Führungspersonals die Gewähr bot, die erhaltenen Befehle im Sinne der NS-Weltanschauung auszulegen. Weil diese Truppe außerhalb der Kommandogewalt der Wehrmacht agierte und zudem weit reichende, wenn auch unklare Befehle zur Bekämpfung der sowjetischen Juden erhalten hatte, stellte sie ein perfektes Mordwerkzeug dar.

Von den ersten Tagen des Krieges an erschossen die Einsatzgruppen und die ihnen unterstellten Kräfte der Polizei, vereinzelt aber auch Einheiten der Wehrmacht, jüdische Zivilisten. Das Ausbleiben jedweder Rüge oder gar Verbotes ließ die Führer der SS-Einheiten immer radikaler vorgehen. Getadelt wurden dagegen diejenigen, deren Vorgehen Himmler nicht radikal genug erschien, während der jeweils Radikalste Lob und Beförderung erfuhr. Auf diese Weise trieben Zentrum und Peripherie die Judenvernichtung in gegenseitiger Beeinflussung bis zum Äußersten: ganze jüdische Gemeinden wurden ausgelöscht. Immer deutlicher zeichnete sich ab, dass die Ermordung der Juden die lange gesuchte Möglichkeit zur »Lösung der Judenfrage« war.

Vorerst existierte diese Option jedoch nur in den besetzten Gebieten der Sowjetunion und, mit geringen Unterschieden, in Serbien. NS-Funktionäre im Reich und in Frankreich drängten zur selben Zeit immer stärker darauf, die in ihrem Einflussbereich lebenden Juden nach Osten abschieben zu dürfen. Nach anfänglicher Weigerung erklärte sich Hitler Mitte September 1941 dazu bereit. Damit war der Weg zu einer europaweiten Vernichtung der Juden frei. Offen blieb nur noch die genaue Verfahrensweise. Von Hitlers Entschluss, sämtliche Juden umzubringen, zeugen auch zahlreiche Äußerungen aus den letzten Monaten des Jahres 1941. Während er vorher zumeist nebulös formuliert hatte, wurde er nun deutlicher. Gegenüber Himmler und Heydrich betonte er: »Vor dem Reichstag habe ich dem Judentum prophezeit, der Jude werde aus Europa verschwinden, wenn der Krieg nicht vermieden bleibt. Diese Verbrecherrasse hat die zwei Millionen Toten des Weltkrieges auf dem Gewissen, jetzt wieder Hunderttausende. Sage mir keiner: Wir können sie doch nicht in den Morast schicken! Wer kümmert sich denn um unsere Menschen? Es ist gut, wenn uns der Schrecken vorangeht, dass wir das Judentum ausrotten.«[28] Nach Hitlers Entschluss war die »Endlösung der Judenfrage« in Form der physischen Ausrottung nur noch eine Frage der Zeit und der technischen Möglichkeiten.

Die Ausweitung zum europäischen Massenmord

Tatsächlich bedeutete Hitlers Entschluss, die Deportation der Juden aus dem Altreich noch während des Krieges zu gestatten, auch das Todesurteil für die übrigen Juden Europas, zumindest soweit sie sich im deutschen Machtbereich befanden. Mitte Oktober hatte die Regierung des spanischen Staatschefs Francisco Franco vorgeschlagen, sämtliche spanischen Juden nach Marokko zu evakuieren, nachdem mehrere spanische Juden in Frankreich verhaftet und interniert worden waren. Obwohl dieser Vorschlag ganz auf der Linie der deutschen Politik lag, die Juden aus Europa herauszubringen, lehnte ihn das RSHA ab, da diese Juden »den nach Kriegsende zu ergreifenden Maßnahmen zur grundsätzlichen Lösung der Judenfrage [...] entzogen« gewesen wären.[29] Kurz darauf wandte sich das Auswärtige Amt an die verbündeten Staaten Rumänien, Kroatien und die Slowakei mit der Bitte, deren in Deutschland lebende Staatsbürger jüdischer Herkunft deportieren zu dürfen. Alle drei Regierungen willigten ein. Mit Beginn der Deportationen hatten auch die Pläne zur »Säuberung« des Generalgouvernements, die lange in einer Sackgasse gesteckt hatten, neuen Auftrieb erhalten. Am 13. Oktober 1941 traf sich Himmler mit dem SS- und Polizeiführer von Lublin, Odilo Globocnik, und dessen Vorgesetzten, dem HSSPF im Generalgouvernement, Friedrich Wilhelm Krüger. Im Laufe dieses Gesprächs unterbreitete Globocnik »weitgehende und gute Pläne« für eine »allmähliche Säuberung des gesamten GG. von Juden und auch Polen«.[30] Leider sind die Vorschläge, denen Himmler zustimmte, nicht erhalten. Der zwei Wochen später beginnende Bau des Vernichtungslagers Bełzec scheint aber ihre Folge gewesen zu sein. Wahrscheinlich ebenfalls im Oktober begann im Bezirk Konin der Mord an polnischen Juden im Warthegau, der ab Ende November durch den Einsatz von Gaswagen professionalisiert wurde. Später wurden diese Gaswagen im neu entstehenden Vernichtungslager Kulmhof eingesetzt, um nach und nach die Juden aus den Ghettos des Warthegaus zu töten.[31]

Nach der am 12. Dezember erfolgten Einweihung der Parteistellen mussten jetzt nur noch die Regierungsämter informiert werden, um einen reibungslosen Ablauf des Deportations- und Mordprogramms sicherzustellen und lästige Nachfragen, Verzögerungen und Kompetenzstreitigkeiten zu vermeiden.

7 Der Beginn der europaweiten Vernichtung

Reinhard Heydrich informierte auf der »Wannsee-Konferenz« am 20. Januar 1942 über die beschlossenen Maßnahmen der Judenvernichtung.

Seit Beginn der Deportationen deutscher Juden aus dem Reichsgebiet waren die Reichsbahn und die deutschen Finanzbehörden in das Geschehen involviert. Erstere, weil ihr die Verantwortung für Fahrpläne, Schienennetz und Züge oblag, die für die Deportationen benötigt wurden. Letztere, weil ihnen die Aufgabe zukam, das zurückgelassene Vermögen der Juden zu verwalten. Die übrigen Ministerien mussten hingegen noch informiert werden, um etwaige Unstimmigkeiten, Kompetenzstreitigkeiten oder gar Widerstand gegen die neuerliche Verschärfung der Judenpolitik von vorneherein auszuschließen. Zu diesem Zweck lud Heydrich die Staatssekretäre der Reichsministerien für den 9. Dezember 1941 zu einer Konferenz ein »im Interesse der Erreichung einer gleichen Auffassung bei den in Betracht kommenden Zentralinstanzen an den übrigen mit dieser Endlösung zusammenhängenden Arbeiten«.[1] Wenig später sagte er diesen Termin jedoch wieder ab und beraumte das Treffen für den 20. Januar des folgenden Jahres an. Grund für die Verzögerung war offensichtlich der japanische Angriff auf Pearl Harbor am 7. Dezember und die vier Tage später folgende deutsche Kriegserklärung an die USA, die einen Teil der Eingeladenen beruflich stark mit Beschlag belegte.[2]

Die Wannsee-Konferenz

Am Mittag des 20. Januar kamen die geladenen Staatssekretäre der Reichsministerien in der dem RSHA gehörenden Villa am Großen Wannsee im Südwesten Berlins zusammen. Aufschlussreich für den Charakter der Veranstaltung war bereits die Einladung: Schon in seinem ersten Schreiben hatte Heydrich erneut auf seine von Göring erhaltenen Vollmacht für die »Gesamtlösung der Judenfrage« verwiesen und damit im Vorfeld unterstrichen, wer Herr des Verfahrens war. Eingeladen wurden Staatssekretäre der Reichsministerien, nicht die Minister. Während die Minister Entscheidungen hätten treffen können, war es Aufgabe der Staatssekretäre, bereits getroffene Entscheidungen auszuführen. Folglich sollte es auf der Konferenz nicht um eine *Entscheidung* zur »Lösung der Judenfrage« gehen, sondern lediglich um die *Information* über die bereits getroffene Entscheidung. Das Fehlen der Vertreter von Finanzministerium und Reichsbahn unterstreicht dies: Beide Institutionen waren bereits über die Endlösung informiert, ihre Anwesenheit auf der Konferenz war nicht mehr vonnöten.

Heydrichs Strategie ging auf: Das Versammlungsprotokoll vermerkt keine schwierigen Diskussionen. Und das, obwohl der Chef des Reichssicherheitshauptamtes seinen Plan zur »Gesamtlösung« in seiner ganzen Dimension darlegte. Eingangs bot er einen Überblick über die bisherigen »Erfolge« der Auswanderungsprogramme, um dann fortzufahren: »Anstelle der Auswanderung ist nunmehr als weitere Lösungsmöglichkeit nach entsprechender vorheriger Genehmigung durch den Führer die Evakuierung der Juden nach dem Osten getreten.« Vorgesehen sei die Deportation von rund elf Millionen Juden, die im Protokoll fein säuberlich nach ihren Herkunftsländern aufgelistet wurden, wobei sich die Pläne nicht auf die von den Deutschen besetzten Gebiete beschränkten. Vielmehr sollten auch die Juden aus verbündeten, neutralen und sogar verfeindeten Staaten wie England einbezogen werden. Dass die angegebene Zahl von elf Millionen die tatsächliche Zahl der in Europa lebenden Juden deutlich überstieg, ist weniger interessant als die Ankündigung, nunmehr die »Judenfrage« für den gesamten Kontinent lösen zu wollen. Wie diese »Lösung« aussehen sollte, hält das Protokoll ebenfalls fest: »Unter entsprechender Leitung sollen [...] die Juden in geeigneter Weise im Osten zum Arbeitseinsatz kommen. In großen Arbeitskolonnen, unter Trennung der Geschlechter, werden die arbeitsfähigen Juden Straßen bauend in diese Gebiete geführt, wobei zweifellos ein Großteil durch natürliche Verminderung ausfallen wird. Der allfällig endlich verbleibende Restbestand wird, da es sich bei diesem zweifellos um den widerstandsfähigsten Teil handelt, entsprechend behandelt werden müssen, da dieser, eine natürliche Auslese darstellend, bei Freilassung als Keimzelle eines neuen jüdischen Aufbaues anzusprechen ist. (Siehe die Erfahrung der Geschichte).«[3]

Dass es zu diesem Zeitpunkt schon lange nicht mehr nur um einen Arbeitseinsatz ging, nach dessen Abschluss die verbleibenden Juden getötet werden sollten, sondern dass bereits ganze Zugladungen deportierter Menschen unmittelbar nach ihrer Ankunft ermordet wurden, erwähnt der Bericht nicht. Eichmann, der für das Protokoll verantwortlich war, erklärte während seiner Gerichtsverhandlung in Jerusalem 1961, die Teilnehmer hätten unverblümt über Mord und Vernichtung gesprochen, er selbst habe aber die Anweisung erhalten, derartige Formulierungen nicht in das offizielle Protokoll aufzunehmen.[4] Ob dies Teil seiner Verteidigungsstrategie war, sei dahingestellt. Mit hoher Sicherheit kann davon ausgegangen werden, dass die am Wannsee versammelte Runde auch die im Protokoll benutzten Chiffren eindeutig verstand. Im Grunde genommen war jedoch selbst dies zweitrangig. Bis auf die beiden Vertreter des Reichsministeriums für die besetzten Ostgebiete und des Generalgouvernements mussten die Anwesenden nur die Deportation gutheißen. Hatten die Juden einmal das Reichsgebiet verlassen, waren weder das Justiz-, noch das Innen-, noch ein anderes der repräsentierten Ministerien mehr für sie zuständig.

Gleichzeitig verbarg sich hinter der Formulierung vom »Arbeitseinsatz« »im Osten« mehr als eine bloße Chiffre für den Massenmord. Wie schon in den besetzten Gebieten der Sowjetunion und in Polen sollte ein Teil der Juden als Arbeitskräfte eingesetzt werden, um kriegswichtige Projekte voranzutreiben. Die Annahme, »ein Großteil« werde »durch natürliche Verminderung ausfallen«, deutet auf die doppelte Rationalität der Zwangsarbeit hin: Zum einen ging es um wirtschaftliche Ausnutzung der Arbeitskraft, zum anderen um die Vernichtung der jüdischen Zwangsarbeiter durch hohe körperliche Belastung unter miserablen Bedingungen. Anders als ein Jahr zuvor im Generalgouvernement hatte sich die Ideologie der Vernichtung gegenüber ökonomischen Erwägungen durchgesetzt, allerdings ohne beide Argumentationsstränge voneinander zu trennen. Aus dem Programm »Vernichtung durch Arbeit« folgte die bereits in den besetzten sowjetischen Gebieten gewählte Verfahrensweise, die nicht mehr arbeitsfähigen Juden umzubringen. Nach diesem Muster sollte sich im Laufe der folgenden drei Jahre tatsächlich die Ermordung der europäischen Juden vollziehen, sehr nah an den von Heydrich skizzierten Vorstellungen.

Lediglich zwei Fragen wurden auf der Konferenz am 20. Januar 1942 kontrovers erörtert: Sollten auch Mischlinge und in Mischehe lebende Juden deportiert werden? Da sich die Versammelten nicht einigen konnten, wurde das Problem vertagt, und die Anwesenden gingen zum angenehmeren Teil des Tages über, dem bereits im Einladungsschreiben angekündigten gemeinsamen Frühstück. Innerhalb von etwa anderthalb Stunden hatte Heydrich das größte Mordprogramm in der europäischen Geschichte darlegen können, ohne dass auch nur einer der versammelten Spitzenbeamten Widerspruch geäußert hatte.[5] Die Wannseekonferenz diente folglich nicht dem Beschluss des Holocaust, sondern vielmehr der Information der Regierungsstellen. Dennoch bildete sie den organisatorischen Auftakt zum millionenfachen Mord an den europäischen Juden. Heydrich hatte das weitere Vorgehen skizziert und konnte sich nun, nachdem er sich versichert hatte, auf keinen Widerstand mehr zu stoßen, an die Umsetzung machen.

Nur neun Tage später fand im besetzten Minsk eine Sitzung statt, auf der der örtliche SD-Leiter, ein SS-Sturmbannführer, darlegte, wie weiter mit den vor Ort befindlichen Juden zu verfahren sei, wobei er ausdrücklich sowohl deutsche als auch einheimische Juden erwähnte: »Eine *restlose* Liquidierung der Juden sei zur Zeit wegen des Frostes nicht möglich, da die Erde zu stark gefroren sei, um Gruben ausheben zu können, die dann als Massengräber für die Juden zur Verfügung stehen. Eine *völlige* Ausmerzung der Juden sei auch deshalb nicht möglich, weil aus den Reihen der Juden immer noch Arbeitskräfte benötigt werden. [...] Im Frühjahr werde jedoch wieder mit starken Exekutionen begonnen werden.«[6]

Die vollständige physische Vernichtung der Juden war nun das ausgegebene Ziel, nur noch technische Erwägungen standen der sofortigen Ausführung entgegen. Dass ein einfacher Stabsoffizier dergleichen darlegte, zeigt, dass diese Auffassung inzwischen Allgemeingut geworden war. Der Entschluss war gefällt, die Mordtechnik stand bereit, für die Organisation war gesorgt. Die Mordmaschinerie musste nur noch anrollen.

Die Ermordung der sowjetischen und serbischen Juden

Für die sowjetischen Juden hatte der Prozess der Vernichtung bereits im Spätsommer und Herbst 1941 begonnen. Dennoch waren zum Jahreswechsel die meisten der jüdischen

Bewohner in den von Deutschland besetzten Gebiete noch am Leben. Das betraf vor allem die ehemaligen ostpolnischen Gebiete, die nach dem Hitler-Stalin-Pakt von der Sowjetunion annektiert worden waren und in denen deutlich mehr Juden gelebt hatten als in den übrigen sowjetischen Gebieten, die die Wehrmacht bis Ende 1941 besetzt hatte. Nach dem Angriff auf die UdSSR hatten die Deutschen diese Territorien innerhalb weniger Wochen erobern können. Die Einsatzgruppen, die den regulären Truppen folgten, hatten dementsprechend nur wenig Zeit für ihre mörderischen Taten.

Im September 1941 wurden die westlichen Gebiete der Sowjetunion von der Militär- an eine Zivilverwaltung übergeben. Bis Ende des Jahres richtete sie ein dichtes Netz von Ghettos ein, in denen sämtliche Juden des jeweiligen Gebiets festgehalten wurden, vor allem, um sie zur Zwangsarbeit einzusetzen. Häufig wurden vor Einrichtung des Ghettos die nichtarbeitsfähigen Juden erschossen. Der Wintereinbruch brachte die Mordaktionen jedoch vorübergehend zum Stillstand.

Als mit dem einsetzenden Frühling der Erdboden wieder auftaute und das Ausheben von Massengräbern wieder möglich wurde, setzten überall hinter der Front die »Aktionen« in den jüdischen Ghettos ein. Die Täter waren nun nicht die Einsatzgruppen des SD, die weiterhin hinter der nun nach Südosten vorstoßenden Armee herzogen, sondern stationäre Einheiten der Gendarmerie und Schutzpolizei, die Unterstützung durch Bataillone der Ordnungspolizei, mitunter auch der Wehrmacht, erhielten. Da alle diese Einheiten auch für die Bekämpfung der sowjetischen Partisanen zuständig waren, die zu dieser Zeit an Stärke gewannen, erfolgte die Liquidierung von Ghettos und die Erschießung tausender Juden nicht selten im Kontext der Partisanenbekämpfung. In Gebieten ohne nennenswertes Auftreten des sowjetischen Untergrunds erschossen die Deutschen die jüdische Bevölkerung ohne Hinweis auf Widerstandstätigkeiten. Die Vernichtung der Juden war ein Selbstzweck, der ohne die Bemäntelung durch vorgeschobene Gründe auskam.

Für gewöhnlich wurden kleinere Ghettos vollständig aufgelöst und die Insassen erschossen. In größeren dagegen erfolgten Selektionen: Arbeitsfähige Juden wurden am Leben gelassen, auf die Entkräfteten wartete der Tod. Später wurden nur noch Fachkräfte, die wichtig für die deutsche Wirtschaft waren, verschont, danach nur noch wenige Spezialisten. Schließlich wurden auch diese erschossen. Ab Sommer 1942 begann die Auflösung der noch verbliebenen Ghettos, die ein gutes Jahr später abgeschlossen war. In der Zwischenzeit setzten die Einsatzgruppen ihr Mordhandwerk im Rücken der Front fort. Allerdings lebten in den sowjetischen Gebieten, die im Laufe der neuen Offensive 1942 erobert wurden, nur verhältnismäßig wenige Juden. Diese aber wurden fast vollständig ermordet. Das traf auch auf die beiden größeren jüdischen Populationen in Rostow am Don und im Kaukasus zu. Schon Ende 1942 lebten in den östlichen von den Deutschen eroberten Gebieten der Sowjetunion nur noch einige wenige Juden, denen die Flucht zu den Partisanen gelungen war oder die sich mithilfe einer List dem Zugriff der nationalsozialistischen Mordmaschinerie entzogen hatten.[7]

Auch die Vernichtung der serbischen Juden war zum Zeitpunkt der Wannseekonferenz schon weit fortgeschritten. Nach der Ermordung der jüdischen Männer im wehrfähigen Alter waren die Frauen, Kinder und Greise seit Dezember 1941 in das Konzentrationslager Sajmište bei Belgrad gesperrt worden. Anfang März 1942 gab der Befehlshaber der Sicherheitspolizei Belgrad die Anordnung, die rund 7500 Häftlinge des Lagers zu ermorden. Mit einem eigens herbeigeschafften Gaswagen wurde die Vernichtung der serbischen innerhalb von zwei Monaten abgeschlossen. Stolz meldete der Chef der Zivilverwaltung in Serbien, Harald Turner: »Serbien einziges Land, in dem Judenfrage und Zigeunerfrage gelöst.«[8]

Und tatsächlich bedurfte es in den anderen Ländern noch mancher Anstrengungen, bevor die Mörder ein ähnliches Ergebnis vermelden konnten.[9]

8 Die »Aktion Reinhard«

Der vergebliche Aufstand im Warschauer Ghetto am 19. April 1943 markiert das Ende der polnischen Juden.

Die Besetzung Polens hatte eine deutliche Radikalisierung der Judenverfolgung gebracht. Wie geschildert war bereits Mitte 1941 die Lage der meisten polnischen Juden erbärmlich. Angesichts des Elends in den Ghettos und der fehlenden Abschiebemöglichkeiten suchten die Besatzungsbehörden nach alternativen Verfahrensweisen. Die Überlegung von Rolf Heinz Höppner aus Posen, die nicht mehr arbeitsfähigen Juden mit einem »schnell wirkenden Mittel« zu beseitigen, sind bereits erwähnt worden. Das Scheitern sämtlicher Abschiebepläne, mit denen Frank noch im Spätsommer 1941 geglaubt hatte, die Juden aus dem Generalgouvernement loszuwerden, hatte auch hier den Gedanken an die Vernichtung reifen lassen. Die Errichtung der ersten Vernichtungslager im Spätherbst 1941 schien die gewünschte Antwort gegeben zu haben, um zumindest die

»überflüssigen«, weil nicht mehr arbeitsfähigen Juden zu beseitigen. Die angesichts der großen Zahl der im Generalgouvernement ansässigen Juden hohe Dringlichkeit, zu einer »Lösung« zu gelangen, hatte Franks Staatssekretär, Josef Bühler, auf der Wannsee-Konferenz erneut unterstrichen. Dort hatte er auch gefordert, die »Endlösung« zuerst im Generalgouvernement anlaufen zu lassen.

Der Beginn der Vernichtung

Zu diesem Zeitpunkt war die Vernichtung der polnischen Juden im Warthegau bereits angelaufen. Die im Oktober erfolgte Deportation von 25 000 Juden und »Zigeunern« in das heillos überfüllte Ghetto Lodz hatte die Situation weiter verschärft. Ende November 1941 wurde im Arbeitslager Bornhagen (Kozminek) ein Gaswagen zur Ermordung jüdischer Arbeiter eingesetzt, am 8. Dezember nahm auch in Kulmhof, wo inzwischen mit dem Bau eines stationären Lagers begonnen worden war, ein entsprechendes Fahrzeug seine Arbeit auf. Innerhalb einer Woche wurden 6 400 Juden aus den umliegenden Ortschaften mit LKW und Bussen in das Vernichtungslager gebracht und ermordet. Als am 16. Januar des folgenden Jahres die ersten Transporte aus Lodz das Lager Kulmhof erreichten, trat die Vernichtung der Juden aus dem Warthegau in die entscheidende Phase. Am 1. Mai 1942 erstattete Gauleiter Greiser Himmler Report über die bisherige Mordpolitik: »Die von Ihnen im Einvernehmen mit dem Chef des Reichssicherheitshauptamtes SS-Obergrupenführer Heydrich genehmigte Aktion der Sonderbehandlung von rund 100 000 Juden in meinem Gaugebiet wird in den nächsten 2-3 Monaten abgeschlossen werden können.«[1] Wenig später erhielt Greiser von Himmler auch die Erlaubnis zur Ermordung der übrigen noch im Warthegau verbliebenen Juden.

Auch für das Generalgouvernement bedeutete die Wannseekonferenz nicht den Startschuss zum Massenmord an den Juden. Schon im Spätherbst war einem Teil der deutschen Führung, an erster Stelle Odilo Globocnik, klar gewesen, dass die physische Vernichtung die einzige und lange gesuchte Antwort auf die Judenfrage war. Der von ihm angeregte und von Himmler genehmigte Bau des Vernichtungslagers Bełżec zeugt davon. Etwa zur selben Zeit, in der zweiten Hälfte des Oktobers, wurde die Todesstrafe für alle Juden eingeführt, die außerhalb des Ghettos angetroffen wurden. Beide Maßnahmen flankierten einander: Dank der Anordnung konnte das flache Land von den Juden »gesäubert« werden, sämtliche Juden waren gezwungen, in die Ghettos zu ziehen. Diese aber stellten die Sammelstelle für die Vernichtungslager dar. Um ausreichende Vernichtungskapazitäten verfügbar zu haben, wurde ab Ende Oktober der Bau einer weiteren Todesfabrik in Sobibór geplant.

Die entscheidende Phase der Massenvernichtung

Die eigentliche Vernichtung begann im März 1942, als die ersten Züge aus Lemberg und Lublin die dort lebenden Juden ins Vernichtungslager Bełżec brachten. Im Januar hatte die Regierung des Generalgouvernements von den einzelnen Distrikten Angaben über die Zahl der vor Ort ansässigen Juden verlangt, um die Vernichtung planen zu können. Offensichtlich mit ausdrücklicher Erlaubnis Himmlers, mit dem er sich am 14. März getroffen hatte, begann SS- und Polizeiführer Globocnik drei Tage später mit der Auflösung des Lubliner Ghettos. Innerhalb eines Monats wurden rund 30 000 Insassen des Ghettos nach Bełżec verschleppt und vergast. Andere fielen bereits der brutalen »Räumungsaktion« im Ghetto selbst zum Opfer. Viele starben bereits auf der Strecke in die Vernichtungslager. Der Transport erfolgte in Viehwaggons. 60 Juden oder mehr wurden in einen Waggon gezwängt und mussten dort oft tagelang ausharren, bis der Zug sein Ziel, das Vernichtungslager, erreicht hatte. Die Waggonfenster waren mit Stacheldraht vergittert, um jede Flucht unmöglich zu machen. Ohne Wasser und Lebensmittel, gezwungen, ihre Notdurft an Ort und Stelle im Waggon zu verrichten, starben insbesondere Kinder sowie Alte und Kranke noch während des Transports. Die übrigen wurden in Bełżec in Gaswagen gepfercht und mit Kohlenmonoxid vergiftet.

Noch während die Liquidierung des Ghettos in vollem Gange war, wurden die umliegenden Ortschaften nach Juden durchkämmt. Ihr Schicksal war das gleiche wie das der Ghettobewohner. Ähnliches spielte sich im Distrikt Galizien ab. Im März wurden 15 000 jüdische Bewohner Lembergs nach Bełżec verschleppt und ermordet, weitere Tausende wurden wie in Lublin noch im Ghetto erschossen. Auch die im Distrikt verteilt wohnenden Juden teilten das Schicksal ihrer Leidensgenossen. Ausgenommen von der sofortigen Ermordung waren einige tausend jüdische Männer, die bereits in den Ghettos als Arbeitskräfte aus der Masse selektiert worden waren. Der Krieg, der nun bereits ins dritte Jahr ging, verlangte gewaltige Anstrengungen von der deutschen Rüstungsindustrie. Die enormen Verluste der Wehrmacht in der Sowjetunion, vor allem während der aus deutscher Sicht desaströsen Schlacht vor Moskau, machten die Einberufung von immer mehr Männern zur Armee notwendig. Ihre Arbeit zu Hause musste von anderen übernommen werden, vor allem dann, wenn ihr kriegswichtige Bedeutung beigemessen wurde. Ursprünglich war hierfür der Einsatz sowjetischer Kriegsgefangener vorgesehen gewesen. Infolge der menschenverachtenden Behandlung, die sie in den Lagern der Wehrmacht erfahren hatten – sie waren kaum oder gar nicht ernährt worden und hatten häufig keinerlei Unterkünfte erhalten – war bereits zur Jahreswende 1941/42 mehr als die Hälfte von ihnen umgekommen. Die Überlebenden waren meist viel zu schwach, um noch arbeiten zu können. In dieser Situation war der Einsatz der Juden nahe liegend. Arbeitsfähige Juden sollten in Konzentrationslagern inhaftiert und der Rüstungsindustrie zur Verfügung gestellt werden. Ein Überleben dieser Juden war indes nicht vorgesehen. Vielmehr sollten sie durch maximale Ausbeutung ihrer Arbeitskraft bei minimaler Ernährung einen möglichst hohen Nutzen für das Deutsche Reich abwerfen und gleichzeitig daran zugrunde gehen. Die »Vernichtung durch Arbeit« passte sich so in das Gesamtkonzept der NS-Mordpolitik ein. Gleichzeitig monopolisierte die SS die Judenverfolgung dadurch noch stärker und musste sich nicht mehr den Vorwurf gefallen lassen, potenzielle Arbeitskräfte zu vernichten statt sie sinnvoll einzusetzen. Die Ermordung der nicht mehr einsatzfähigen und nicht mehr einsetzbaren Juden war die logische Folge dieser Politik, die in leichter Abwandlung 1941 bereits in den besetzten sowjetischen Gebieten vorweggenommen worden war.

Unterdessen wurden die von einheimischen Juden weitgehend geräumten Gebiete um Lublin zum Auffanggebiet für die Deportation slowakischer und »reichsdeutscher« Juden. Ihr Aufenthalt war jedoch nur von kurzer Dauer, denn im Mai 1942 wurde die Vernichtungspolitik mit der systematischen Räumung weiter verschärft. Neuer Bestimmungsort der Transportzüge war das nahe der ehemaligen polnisch-ukrainischen Grenze gelegene Vernichtungslager Sobibór. Über 57 000 Menschen wurden binnen eines Monats dort vergast.

Zwar lebten zu diesem Zeitpunkt immer noch Juden im Distrikt Lublin, aber die Fachleute aus den Vernichtungslagern wurden nun an anderer Stelle gebraucht. Offensichtlich hatte der »Reichsführer SS« den Befehl erteilt, mit der Vernichtung der Juden im gesamten Generalgouvernement zu beginnen, auf jeden Fall verlagerte sich das Mordgeschehen zunächst in den Distrikt Krakau und später in die übrigen Gebiete des besetzten Polen. Am 9. Juni hielt Himmler die Trauerrede auf den fünf Tage zuvor an den Folgen eines Attentats verstorbenen Reinhard Heydrich. Dabei legte er seine Pläne für den weiteren Ablauf der Vernichtungspolitik in Polen dar: »Die Völkerwanderung der Juden werden wir in einem Jahr bestimmt fertig haben; dann wandert keiner mehr.«[2] Die Bedeutung dieser Worte konnte nur sein, dass innerhalb der kommenden zwölf Monate die noch lebenden polnischen Juden restlos ermordet werden sollten. Dem getöteten Leiter des SD zu Ehren, erhielt dieser Massenmord seinen Namen: »Aktion Reinhard«.[3]

Vorübergehend aufgehalten wurde der Massenmord jetzt nur noch von technischen und logistischen Schwierigkeiten, vor allem im Zusammenhang mit dem Geschehen an der Front. Für die groß angelegte Sommeroffensive der Wehrmacht in der Sowjetunion wurden sämtliche Transportkapazitäten benötigt. Von Mitte Juni bis Anfang Juli erfolgten daher keine Deportationen in die Vernichtungslager. Stattdessen kehrten die Deutschen zur in der Sowjetunion »bewährten« Methode der Massenerschießung vor Ort zurück, ehe die Transportsperre wieder aufgehoben wurde. Um die Judenvernichtung auf das gesamte Generalgouvernement auszudehnen, war im Distrikt Warschau mit dem Bau eines dritten Vernichtungslagers begonnen worden: Das mit einer stationären Kohlenmonoxid-Gaskammer ausgestattete Treblinka wurde für die Vernichtung des größten jüdischen Ghettos im deutsch besetzten Europa, Warschau, errichtet.

Nach der Aufhebung der Transportsperre setzte sich die Vernichtungsmaschinerie mit noch höherem Tempo als zuvor in Gang. Seit dem 22. Juli 1942 rollte einmal pro Tag ein Zug mit 5000 Juden von Warschau nach Treblinka; die Deportationen aus Krakau nach Bełżec wurden mit hoher Geschwindigkeit fortgesetzt. Ab August/September begannen auch die Deportationen aus Lublin und Galizien erneut, erstmals wurden auch Juden aus dem Distrikt Radom in die Vernichtungslager verschleppt. Die Tötungsziffern stellten alle vorherigen weit in den Schatten. Monat für Monat wurden Hunderttausende vergast. Ende 1942 lebten von den ursprünglich 2,3 Millionen Juden im Generalgouvernement keine 300000 mehr.

Im Oktober und November wurden die noch lebenden Juden, deren einzige Existenzberechtigung in den Augen von Himmlers Männern ihre Arbeitsfähigkeit war, in 54 »Judenwohnbezirken« ghettoisiert. So konnte ihr Arbeitseinsatz kontrolliert werden, zugleich erlaubte die zentralisierte Unterbringung, sie direkt aus diesen Ghettos in die Vernichtungslager zu transportieren. Das geschah ab der Jahreswende 1942/43. Die massive Zwangsrekrutierung von Zwangsarbeitern in den besetzten Gebieten, die sich häufig zu regelrechten Menschenjagden auswuchs, schien ihr weiteres Überleben überflüssig zu machen. Die Deportationen setzten wieder ein, und diesmal sollten offensichtlich keine Ausnahmen mehr gemacht werden. Im Januar 1943 erteilte Himmler den Befehl, das Ghetto in Warschau aufzulösen und seine Insassen zu ermorden.[4]

Der Aufstand im Warschauer Ghetto

Die Auflösung des Ghettos in der polnischen Hauptstadt sollte am 19. April 1943 beginnen. Im Ghetto lebten zu diesem Zeitpunkt noch etwa 60 000 Juden. Bereits zu Beginn der deutschen Besatzung hatten sich Untergrundgruppen gebildet. Als die ersten Juden im Juli 1942 aus dem Ghetto nach Treblinka deportiert wurden, gründeten Vertreter verschiedener politischer Organisationen die *Żydowska Organizacja Bojowa* (ŻOB), die jüdische Kampforganisation. In der Folgezeit schmuggelte sie Waffen ins Ghetto und rekrutierte Mitstreiter, um sich gegen die Deutschen wehren zu können. Nachdem die Deportationen im Januar 1943 wieder angelaufen waren, war den Mitgliedern der ŻOB klar, dass die endgültige Auflösung nur noch eine Frage der Zeit sein würde. Akribisch bereiteten sie sich darauf vor, die deutschen Pläne mit einem Aufstand zu vereiteln. Sie bauten Erdbunker im Ghetto, in denen die Masse der Bevölkerung während der zu erwartenden Kämpfe Schutz finden sollte. Vorräte an Lebensmitteln und Medikamenten sollten das Überleben in den Bunkern für mehrere Monate sicherstellen. Während die ŻOB selbst eine Truppe von weniger als 350 Personen war, beteiligten sich weite Teile der Ghettoinsassen an diesen Vorbereitungen, von denen sie sich Rettung versprachen. Die Führung des ŻOB war nicht weltfremd. Sie wusste, dass sie gegen die zahlenmäßige Überlegenheit der gut bewaffneten und ausgebildeten, wohlgenährten deutschen Truppen nicht den Hauch einer Chance hatte. Ihr Ansinnen war ein anderes: Wenn ohnehin ihr

Tod beschlossen war, so wollte sie mit ihrem Kampf ein Fanal setzen. Die Welt sollte sehen, dass die Juden nicht wie Lämmer zur Schlachtbank gingen, sondern ihr Leben teuer verkauften.

Am 19. April 1943 um drei Uhr morgens umstellten starke deutsche Polizeikräfte das Ghetto. Unter dem Befehl des im Partisanenkampf erfahrenen SS- und Polizeigenerals Jürgen Stroop rückten mehr als 850 bewaffnete Männer in das Ghetto ein. Auch wenn sie offensichtlich mit Widerstand gerechnet hatten, waren sie von dessen Stärke vollkommen überrascht. Sie mussten den Rückzug antreten. Das Ghetto war wie ausgestorben. Die Deutschen trafen nur wenige Einzelpersonen in den Häusern an. Bei den vorangegangenen Deportationen hatten sich die Juden auf dem berüchtigten »Umschlagplatz« sammeln müssen, von wo aus sie in die Güterwagen verladen worden waren. Ein derartiges Vorgehen war nun unmöglich. Stattdessen mussten sich die Deutschen von Haus zu Haus kämpfen. Schließlich gingen sie dazu über, die Gebäude niederzubrennen. Durch die Hitze wurde die Situation in den unter den Häusern gelegenen Bunkern unerträglich. Dennoch ergaben sich die Juden nicht. Unter Einsatz von Handgranaten und Tränengas mussten die Deutschen einen Bunker nach dem anderen ausnehmen und die dort zusammengepferchten Kämpfer und Zivilisten heraus treiben. Erst am 16. Mai, knapp einen Monat nach Ausbruch des Aufstands, konnte Stroop vermelden: »Es gibt keinen jüdischen Wohnbezirk in Warschau mehr.«[5] Wie viele Juden bei den Kämpfen und in den Trümmern ums Leben kamen, ist unklar. Das gleiche gilt für die deutschen Verluste. Die von Stroop selbst genannte Zahl von 16 getöteten und 85 verwundeten Deutschen dürfte auf jeden Fall deutlich zu niedrig angesetzt sein.

Rund 20 000 Juden konnten in den folgenden Monaten das Ghetto unerkannt verlassen, um im Verborgenen das Ende des Krieges abzuwarten. Die übergroße Mehrzahl wurde jedoch entweder an Ort und Stelle erschossen oder in Arbeits- und Vernichtungslager deportiert. Höchstens 2000 von ihnen überlebten den Krieg. Die größte jüdische Gemeinde Europas, zu der vor dem Krieg 375 000 Menschen gehört hatten, existierte nicht mehr.[6]

Der unerwartete und hartnäckige Widerstand in Warschau beschleunigte das endgültige Ende der jüdischen Bevölkerung des Generalgouvernements. Himmler ordnete an, bis zum 1. August 1943 sämtliche Juden zu ermorden. Nachdem neben kleineren Ghettos auch das Ghetto in Krakau bereits im März aufgelöst worden war, löste die Polizei nun Schritt für Schritt die noch verbliebenen Ghettos auf. Die einzige Ausnahme bildete Lodz, dessen Ghetto wegen der kriegswichtigen Bedeutung der städtischen Textilwirtschaft erst im folgenden Jahr geräumt wurde. An einigen anderen Orten existierten noch Zwangsarbeiterlager mit jüdischen Häftlingen, auf deren Arbeit die Deutschen gleichfalls nicht glaubten verzichten zu können. Die größten von ihnen, die Lager Trawniki und Poniatowa bei Lublin, wurden im November 1943 aufgelöst und die Insassen ermordet (»Aktion Erntefest«). Insgesamt waren innerhalb von knapp zwei Jahren über zwei Millionen Juden der »Aktion Reinhard« zum Opfer gefallen.[7]

9 Auschwitz

Das Konzentrationslager Auschwitz war die größte Vernichtungsanlage in der Geschichte der Menschheit.

Wohl kein Name ist so sehr zum Synonym der Shoa geworden wie der des größten Vernichtungslagers in Ostoberschlesien. Der 60 Kilometer westlich von Krakau gelegene Ort Auschwitz (polnisch: Oświęcim) wurde in den Jahren 1942 bis 1944 zur letzten Station im Leben von knapp einer Million europäischer Juden. Während die Lager der »Aktion Reinhard« (Treblinka, Sobibór, Bełżec und Majdanek) vornehmlich zur Vernichtung der polnischen Juden genutzt wurden, diente Auschwitz der Ermordung der Juden aus den nord-, west-, mittel- und südeuropäischen Ländern.

Die vorliegende Darstellung versucht, am Beispiel von Auschwitz über die konkrete Geschichte des Lagers hinaus eine Vorstellung von der Funktionsweise eines Vernichtungslagers im Nationalsozialismus zu vermitteln.

Der Aufbau des Lagers

Bereits seit Sommer 1940 existierte in Auschwitz ein auf Befehl von Heinrich Himmler errichtetes Lager. Grund für die Wahl des Ortes war nicht zuletzt seine Lage an einem Eisenbahnknotenpunkt. Das Lager diente der Internierung von zumeist politischen Gefangenen polnischer Herkunft. Die anderen Konzentrationslager übertraf Auschwitz zunächst nur in der Größe: Das Lager war auf 10 000 Häftlinge ausgelegt. Bald schon war es aber auch wegen der extrem harten Haftbedingungen berüchtigt. Es galt als das brutalste unter den sieben zu diesem Zeitpunkt existierenden Konzentrationslagern. Zahlreiche Häftlinge starben an Hunger, Entkräftung und Folter. Viele wurden erschossen. Systematisch vernichtet wurden sie jedoch nicht.

Das Lager war mit elektrisch geladenem, vier Meter hohem Stacheldraht umzäunt. Von Wachtürmen aus kontrollierten SS-Männer das Lager; sie waren mit Gewehren und Maschinenpistolen ausgerüstet. Etwa einen Kilometer außerhalb gab es eine weitere Kette von Wachposten, die von einer SS-Hundestaffel bewacht wurde.

Im September 1941 befahl Himmler die Errichtung eines zweiten, ungleich größeren Lagers. Bereits zwei Wochen später begannen die Bauarbeiten im zwei Kilometer von Auschwitz entfernten Örtchen Birkenau (Brzezinka). Konzipiert war dieses Lager für die Aufnahme sowjetischer Kriegsgefangener – an mindestens 50 000 war gedacht –, die zur Zwangsarbeit eingesetzt werden sollten. Schon bald zeigte sich jedoch, dass an einen Zwangsarbeitereinsatz in großem Stil kaum zu denken war. Schuld daran war die unmenschliche Behandlung, die die sowjetischen Soldaten in deutscher Kriegsgefangenschaft erfuhren: Sie erhielten wenig, mitunter gar keine Nahrungsmittel und wurden in Lagern auf dem freien Feld untergebracht, wo sie sich häufig selbst Erdhöhlen graben mussten, um überhaupt eine notdürftige Unterkunft zu haben. Ein Massensterben war die Folge. Von den insgesamt 5,7 Millionen Rotarmisten, die in die Hände der Deutschen gerieten, überlebten 2,5 bis 3,3 Millionen die Gefangenschaft nicht. Die Häftlinge in Auschwitz bildeten keine Ausnahme. Etwa 10000 sowjetische Kriegsgefangene wurden im Oktober 1941 dort untergebracht, vier Monate später waren nur noch 2000 am Leben, im Mai 1942 lediglich 186.

Die Methoden der Vernichtung

Im September 1941 hatten in Auschwitz, wie bereits geschildert, die ersten Tötungsexperimente mit Zyklon B stattgefunden. Das in Dosen verpackte, blausäurehaltige Schädlingsbekämpfungsmittel erwies sich als äußerst geeignet für die ihm zugedachte Aufgabe. Schon bei Temperaturen von 26 Grad Celsius reagierte das pulverförmige Mittel mit Sauerstoff zu einem hochgiftigen Gas. Die ersten Experimente fanden in einem abgedichteten Kellerraum statt, bald darauf wurde eines der Krematorien in eine Gaskammer verwandelt. Eine größere Gaskammer wurde in Birkenau in einem Bauernhaus aus Ziegelsteinen errichtet, eine weitere folgte bald. Im Herbst 1942 wurde mit dem Bau dreier weiterer Gaskammern begonnen. Vom Kriegsgefangenenlager wurde Birkenau zur Todesfabrik.

Im weiteren Verlauf des Jahres 1941 wurden wiederholt kleinere Gruppen von Juden vergast. In erster Linie scheint es sich dabei um Zwangsarbeiter gehandelt zu haben, die nicht mehr arbeitsfähig waren. Im Januar 1942 setzte mit der systematischen Vernichtung der Juden aus Oberschlesien die eigentliche Geschichte des Lagers Auschwitz als Vernichtungslager ein. Ab Frühjahr 1942 wurden Juden aus dem Deutschen Reich und aus West- und Südeuropa hierher deportiert und ermordet. Dabei stellte der Lagerkomplex einen Sonderfall dar: Nur Auschwitz-Birkenau und Majdanek dienten gleichzeitig als Konzentrations- und Vernichtungslager.

Diese Sonderrolle zeigte sich gleich bei Ankunft der Transporte. Die Türen der Viehwaggons, in denen die Opfer teilweise tagelang auf engstem Raum zusammengepfercht transportiert worden waren, wurden aufgerissen und die Insassen von den

Wachleuten mit Geschrei, Schlägen und Tritten heraus getrieben. Nach Geschlechtern getrennt mussten sie sich zur Selektion aufstellen: Frauen und Kinder in einer Reihe, Männer in einer anderen. SS-Ärzte entschieden über Leben und Tod. Wessen körperliche Verfassung auf eine Befähigung zum Arbeitseinsatz hindeutete, durfte als Zwangsarbeiter zumindest noch einige Zeit weiterleben. Schwache, Schwangere, Behinderte, Kranke, Alte und Kinder wurden dagegen sofort »ins Gas« geschickt. Zu Fuß, nachts auch mit Lastwagen, wurden sie zu den Gaskammern gebracht. In einem Vorraum mussten sie sich unter dem Vorwand, duschen zu sollen, ausziehen und die Gaskammern nackt betreten.

Sobald der Raum voll war, wurden die Türen verschlossen und das Gas durch eine Luke eingeleitet. Durch ein Guckloch an der hermetisch verschlossenen Tür konnten die SS-Leute den Todeskampf betrachten. Während der Vergasung dröhnten laute Motoren und schrillten Sirenen, um die Todesschreie der verzweifelten Opfer zu übertönen. Durchschnittlich etwa zwanzig Minuten dauerte es, bis sich in der Gaskammer niemand mehr regte. Danach wurden die Türen geöffnet, damit das restliche Gas ins Freie ziehen konnte. In den moderneren Gaskammern erfüllten Ventilatoren diese Funktion. Andere Häftlinge mussten den Leichen die Goldzähne aus den Kiefern brechen, Ringe von den Fingern nehmen und die Haare abschneiden. Anschließend wurden die Leichen in den Krematorien verbrannt. Reichte deren Kapazität nicht aus, dienten Massengräber als Ersatz. Selbst nachdem die Krematorien so stark erweitert worden waren, dass sie über viereinhalbtausend Leichen pro Tag verbrennen konnten, waren sie in den Hochzeiten der Vernichtung nicht in der Lage, mit der Geschwindigkeit der Ermordungen mitzuhalten.

Das Hab und Gut der Ermordeten füllte die Kassen des Deutschen Reich, soweit es nicht von den Wachmannschaften und der SS gestohlen wurde, was trotz der scharfen Verbote und der strengen Strafen an der Tagesordnung war. Selbst Teile der

Leichen wurden zu Geld gemacht. Das Zahngold wurde eingeschmolzen, das Haar wurde an Filzhersteller verkauft, Asche und Knochen an Düngemittelfabrikanten.

Zwangsarbeit

Diejenigen unter den Deportierten, die nicht unmittelbar nach der Ankunft in Auschwitz ermordet wurden, setzte die SS zu Zwangsarbeiten ein. Den Häftlingen wurden die Haare geschoren und sie erhielten gestreifte Gefangenenanzüge und Holzschuhe als Bekleidung. Nachdem auch ihnen ihre Habseligkeiten abgenommen worden waren, bezogen sie zunächst ihre Unterkünfte, primitive Baracken, die zum größten Teil nicht einmal über die einfachsten sanitären Einrichtungen verfügten. Zu Hunderten drängten sie sich nachts auf kargen, mehrstöckigen Pritschen aus Holz. Die miserablen hygienischen Bedingungen machten die Baracken zu Seuchenherden. Typhus und Fleckfieber waren häufige Todesursachen.

Die schlechte Ernährung senkte die Überlebenschancen weiter. Morgens erhielten die Häftlinge Kaffee-Ersatz, mittags eine wässrige Suppe mit Kartoffeln, Steckrüben oder ähnlichem, aber ohne Fleisch. Als Abendbrot gab es Brot, das meist alt und feucht, mitunter auch schon verschimmelt war. Vor der Einteilung zur Zwangsarbeit wurden die als arbeitsfähig ausgesuchten Häftlinge in einem Bereich des Lagers inhaftiert, der »Quarantäne« genannt wurde. Wer schnell zur Zwangsarbeit eingeteilt wurde, hatte Glück: In der »Quarantäne« überlebte kaum jemand länger als einige Wochen. Vor Beginn der Zwangsarbeit wurden die Häftlinge registriert und man tätowierte ihnen ihre Häftlingsnummer auf den linken Oberarm.

Die Arbeitstage in Auschwitz begannen früh. Geweckt wurde um halb sechs, im Sommer schon um halb fünf. Die Häftlinge wurden in die Waschräume und anschließend zum Appell getrieben, bevor sie in Kolonnen zum Ort des Arbeitseinsatzes marschierten. Nach ihrer Rückkehr ins Lager folgte der gefürchtete Abendappell. Die Häftlinge mussten bewegungslos auf dem Appellplatz stehen, während die Wächter sie kontrollierten. Häufig zog sich diese Prozedur über mehrere Stunden hin, vor allem wenn es während der Arbeit Tote oder Fluchtversuche gegeben hatte. Die Häftlinge standen in unzureichender Kleidung, die kaum Schutz gegen die Witterung bot, in Winterkälte, strömendem Regen oder sommerlicher Hitze. Wer wankte oder umfiel, wurde in die Gaskammern geschickt. An wessen Kleidung ein Knopf fehlte, wer seinen Essnapf nicht sorgfältig genug gesäubert hatte oder wer aus anderen Gründen den willkürlichen Zorn der Aufseher erregte, auf den warteten harte Strafen: Prügel, Folter und Arrest. Häftlinge wurden an zusammengebundenen Armen hinter dem Rücken an einem Pfahl hochgezogen, es gab Dunkelhaft und Haft in Stehzellen. Lange Appelle führten überdies dazu, dass die Nachtruhe deutlich verkürzt wurde. Die Übermüdung senkte die Lebenserwartung weiter.

Die Zwangsarbeit war indes kein reines Schikaneinstrument, sondern verfolgte ökonomische Ziele. In seiner Doppelfunktion als Vernichtungs- und Arbeitslager wuchs Auschwitz im Laufe der Zeit zu einem regelrechten Wirtschaftsunternehmen heran. Ab Frühjahr 1941 begann die Interessen-Gemeinschaft Farbindustrie AG, kurz IG Farben, den Bau einer Fabrik in Auschwitz. Der größte deutsche Chemiekonzern wollte hier den für den weiteren Kriegsverlauf wichtigen Gummi-Ersatzstoff Buna produzieren. Am 7. April 1941 wurde in Kattowitz die IG Auschwitz gegründet, wie das Tochterunternehmen von nun an heißen sollte. Bereits für die Errichtung der Fabrik sagte Himmler den Einsatz von Häftlingen aus dem Konzentrationslager zu. Sie stellten immerhin ein Drittel aller Arbeitskräfte, die übrigen zwei Drittel bildeten Zwangsarbeiter, die aus den deutsch besetzten Gebieten Europas nach Oberschlesien verschleppt wurden. Ursprünglich war geplant, die Buna-Produktion in Auschwitz spätestens im Sommer 1943 aufzunehmen. Die geringe Lebensdauer der Zwangsarbeiter, vor allem der Häftlinge des Konzentrationslagers, ließ diesen Plan jedoch schnell illusorisch erscheinen. Die

Baustelle lag rund sieben Kilometer vom »Stammlager« entfernt. Die Häftlinge mussten diese Strecke jeden Morgen und Abend zu Fuß zurücklegen. Dadurch begann der Arbeitstag bereits mitten in der Nacht um drei Uhr und endete erst am späten Abend, wenn die Häftlinge das Lager wieder erreicht hatten. Für die ausgemergelten Menschen bedeutete der Fußmarsch eine kaum erträgliche Strapaze, bereits bei der Ankunft auf der Baustelle waren viele von ihnen vollkommen erschöpft. Um die Arbeitsleistung der Häftlinge zu erhöhen, drängte die IG Farben deswegen darauf, ein eigenes Lager direkt am Ort der zu errichtenden Fabrik zu bauen. Dort, im extra für das neue Werk abgetragenen Dorf Monowitz (Monowice), entstand das erste privat finanzierte Konzentrationslager des Dritten Reiches. Ende Oktober 1942 wurden 2000 Häftlinge aus Auschwitz dorthin transportiert.

Obwohl die Errichtung des neuen Lagers dazu dienen sollte, die Produktivität der Arbeitskräfte zu steigern, wurden diese auch in Monowitz nicht besser behandelt. Weder war die Verpflegung besser, noch die Arbeit menschenwürdiger. 15-stündige Arbeitstage waren keine Seltenheit. Dementsprechend gering war die Lebenserwartung der Insassen: Maximal drei Monate überlebten die Häftlinge die Torturen der Zwangsarbeit. Um ihre Leistungen zu steigern, drohte ihnen das Wachpersonal ständig damit, sie nach Birkenau zur Vergasung deportieren zu lassen. Das war zugleich das reale Schicksal, das diejenigen erwartete, die nicht mehr arbeiten konnten.

Die ständigen Drohungen konnten jedoch die Arbeitsproduktivität der entkräfteten Häftlinge nicht erhöhen. Summa summarum blieb der Einsatz der Häftlinge für die IG Farben unprofitabel. Dennoch ließen sich ab März 1942 immer mehr Firmen in der Nähe von Auschwitz nieder, um die Insassen des Lagers als Zwangsarbeiter für ihre Produktion nutzen zu können. Unter anderem die Reichswerke Hermann Göring, die Friedrich Krupp AG, die Siemens-Schuckert-Werke und die Vacuum Oil Company machten von dieser Möglichkeit Gebrauch. Bis Ende 1944 entstanden auf diese Weise mehr als 30 Nebenlager, die Zahl der zur Zwangsarbeit eingesetzten Lagerinsassen stieg von 6000 im Jahr 1942 auf 42000 im Jahr 1944 an. Auch wenn sich der Einsatz der Häftlinge für die Industrie wegen der geringen Arbeitsleistung letztendlich nicht bezahlt machte, für die SS lohnte er sich auf jeden Fall: Zum einen konnte sie dadurch zu einer zentralen Institution der Kriegswirtschaft werden und ihre Macht weiter ausbauen, zum anderen erhielt sie die Zahlungen, die die Firmen für die Häftlinge zu entrichten hatten: Pro Tag und Zwangsarbeiter stellte ihnen die SS vier, für Facharbeiter sechs Reichsmark in Rechnung.

Häftlinge

Die Insassen des Lagerkomplexes Auschwitz waren nicht ausschließlich Juden. Auch politische Gefangene, Prostituierte, »Zigeuner«, Zeugen Jehovas und Homosexuelle wurden dort eingesperrt, als Zwangsarbeiter eingesetzt und ermordet. Bis 1942 blieben die Juden sogar in der Minderheit, erst der Beginn der Massenvernichtung änderte dies. Sie blieben jedoch am untersten Ende der Häftlingshierarchie. Farbige Winkel, nach unten zulaufende Dreiecke auf der Kleidung, sorgten für die Unterscheidbarkeit der verschiedenen Kategorien von Gefangenen: Rosafarbene Winkel kennzeichneten Homosexuelle, violette Winkel Zeugen Jehovas, blaue Winkel Emigranten, rote Winkel politische Gefangene, schwarze Winkel »Asoziale« (womit Prostituierte und »Zigeuner« gemeint waren) und grüne Winkel »befristete Vorbeugehäftlinge«, so genannte Kriminelle. Juden trugen gelbe Winkel. Während reichsdeutsche, nichtjüdische Häftlinge in die Kategorie der »bevorzugten Häftlinge« aufsteigen konnten, die mit mancherlei Vergünstigungen verbunden war, blieb den übrigen Häftlingen dieser Aufstieg verwehrt.

Die Hierarchie unter den Häftlingen, die von der SS nach Kräften geschürt wurde, verhinderte neben den unterschiedlichen biographischen, sozialen, religiösen und politischen Hintergründen der Lagerinsassen die Herausbildung eines starken

Zusammenhalts. Besonders berüchtigt waren die »Kapos«, Häftlinge, die ein Arbeitskommando zu leiten hatten. Sie mussten die Gefangenen zu ihrem Arbeitsplatz führen und deren Arbeit überwachen. Dafür genossen sie Privilegien wie warme Kleidung, höhere Essensrationen und abgetrennte Ecken in den Gefangenenbaracken. Um sich diese Privilegien zu erhalten, versuchten viele »Kapos« die Aufträge der Deutschen akribisch ausführen, was häufig auch Misshandlungen von Gefangenen mit einschloss. Allerdings sind auch Beispiele von »Kapos« überliefert, die milde mit denen ihnen unterstellten Gefangenen umgingen.

Eine besondere Bedeutung kam den so genannten »Sonderkommandos« zu. Sie wurden aus jüdischen Häftlingen zusammengestellt und als Assistenten des Vernichtungsprozesses eingesetzt. Bei Ankunft der Züge luden sie das Gepäck der Deportierten aus, geleiteten sie zu den Gaskammern und überwachten die Ermordung. Der erste Kommandant von Auschwitz, Rudolf Höß, beschreibt die hohe Bedeutung, die den Sonderkommandos hierbei zukam: »Wichtig war vor allen Dingen, dass bei dem ganzen Vorgang des Ankommens und Entkleidens möglichst größte Ruhe herrschte. Nur kein Geschrei, kein Gehetze. Wenn sich einige nicht ausziehen wollten, mussten schon Ausgezogene helfen oder die vom Sonderkommando. Mit gutem Zureden wurden auch Widerspenstige besänftigt und ausgezogen. Die Häftlinge des Sonderkommandos sorgten auch dafür, dass der Vorgang des Entkleidens schnell vor sich ging, damit den Opfern nicht lange Zeit zu Überlegungen blieb. Überhaupt war die eifrige Mithilfe der Sonderkommandos bei dem Entkleiden und dem Hineinführen in die Gaskammern doch eigenartig. Nie habe ich erlebt, dass sie den zu Vergasenden auch nur das geringste von dem ihnen Bevorstehenden sagten. Im Gegenteil, sie versuchten alles, um sie zu täuschen, vor allem die Ahnenden zu beruhigen. [...] Was die vom Sonderkommando denen alles vorlogen, mit welcher Überzeugungskraft, mit welchen Gebärden sie das Gesagte unterstrichen, war interessant. Viele Frauen versteckten ihre Säuglinge in den Kleiderhaufen. Die vom Sonderkommando passten da ganz besonders auf und redeten der Frau so lange zu, bis sie das Kind mitnahm.«[1]

War die Vergasung beendet, mussten die Mitglieder des Sonderkommandos die Leichen der Ermordeten aus den Gaskammern schleifen. Sie brachen ihnen die Goldzähne aus den Kiefern, zogen ihnen die Ringe von den Fingern und schnitten den Frauen die Haare ab. Anschließend mussten sie die Toten in die Krematorien schaffen und verbrennen. Das Sonderkommando setzte sich in erster Linie, aber nicht ausschließlich aus jüdischen Häftlingen zusammen. Mit der Ausweitung des Vernichtungsprozesses wuchs auch die Zahl der Angehörigen der Sonderkommandos stetig an, von 80 im Frühjahr 1942 auf schließlich 900 im Sommer 1944. Als wichtige Helfer des Mordprogramms genossen sie eine bevorzugte Behandlung, ihre Mitwisserschaft machte sie aber zugleich gefährlich. Deswegen wurden sie nach wenigen Monaten ebenfalls ermordet.

Es überrascht deswegen nicht, dass der einzige größere Aufstand in Auschwitz ausgerechnet von Häftlingen des Sonderkommandos ausging. Am 7. Oktober 1944 wehrte sich eine größere Gruppe dieser »Funktionshäftlinge« mit Äxten, Eisenstangen und Steinen gegen ihre bevorstehende Ermordung. Der Aufstand selbst brach spontan aus, Vorbereitungen waren aber schon seit einiger Zeit im Gange gewesen. So war es sogar gelungen, Munition und Handgranaten ins Lager zu schmuggeln. Damit gelang es, ein Krematorium in Brand zu setzen. Die SS war von dem Aufstand vollkommen überrumpelt und benötigte mehrere Stunden, bis sie die Lage wieder unter Kontrolle hatte. Immerhin drei Tote und zwölf Verletzte hatten die Wachmannschaften zu verzeichnen, 425 Tote das Sonderkommando.

Medizinische Experimente

Neben Vernichtung und Zwangsarbeit übte der Lagerkomplex Auschwitz eine dritte Funktion aus: Er diente als Labor für medizinische Versuche an Häftlingen. Ärzte der Wehrmacht experimentierten mit Giftstoffen, Gynäkologen suchten nach Methoden künstlicher Befruchtung und Sterilisation. Die Auswirkungen von Nahrungsmittelentzug wurden an verhungernden Lagerinsassen getestet, Leichenteile und lebende Häftlinge wurden gleichermaßen in Experimenten verwendet, die Heilungsmethoden für Syphilis oder Fleckfieber erproben sollten. Der Gesundheit und dem Leben der Versuchsperson wurde keinerlei Bedeutung beigemessen. Neben Sadisten lockte diese Möglichkeit der Menschenexperimente auch Wissenschaftler an, die bereit waren, jegliche ethischen Skrupel dem erhofften medizinischen Erkenntnisgewinn zu opfern.

Zu besonderer Berühmtheit unter den Medizinern in Auschwitz brachte es der ehrgeizige und skrupellose Nachwuchsforscher Josef Mengele. Nach seiner Promotion in Frankfurt am Main und seiner anschließenden Tätigkeit am Kaiser-Wilhelm-Institut für Anthropologie in Berlin bat er um die Versetzung nach Auschwitz. Dort hoffte er, in Menschenversuchen Material für seine Habilitation sammeln zu können. Um zu Erkenntnissen im Bereich der Erblehre zu gelangen, experimentierte Mengele vor allem mit Zwillingspaaren und Zwergwüchsigen. Mithilfe von Blutproben und Röntgenaufnahmen wollte er ihre Erbanlagen untersuchen. Die Injektion verschiedener Stoffe und das Eintropfen von Chemikalien in die Augen, um deren Farbe zu verändern, gehörte ebenso zu seinen Versuchsaufbauten wie die pathologischen Untersuchung der inneren Organe seiner Probanden, die er mit Chloroformspritzen ins Herz tötete. Während die meisten anderen Mediziner in den Konzentrationslagern den Tod ihrer Versuchspersonen nur billigend in Kauf nahmen, gehörte er für Mengele offensichtlich zum festen Programm seiner Analysen.

Endphase und Auflösung des Lagers

Bis weit ins Jahr 1944 hinein lief die Vernichtung der Juden in Auschwitz weiter. Nach der Besetzung Ungarns durch deutsche Truppen und die darauf folgende Deportation ungarischer Juden erreichte sie sogar ihren Höhepunkt. Parallel dazu begann ab Sommer desselben Jahres die Evakuierung des Lagers, nachdem die Rote Armee bis nach Galizien vorgestoßen war und die Weichsel überschritten hatte. Etwa die Hälfte der Häftlinge wurde bis Januar 1945 in Konzentrationslager im Westen gebracht. Im November 1944 erteilte Himmler den Befehl zur Einstellung sämtlicher Vernichtungsaktionen. Die Gaskammern wurden abgerissen, »Sonderkommandos« mit der Beseitigung der Spuren beauftragt. Als die Rote Armee immer näher rückte, wurden im Januar die meisten noch verbliebenen Häftlinge zu Fuß Richtung Westen geschickt und später auf Güterzüge verladen. Derweil bemühte sich die SS im Lager um die möglichst vollständige Vernichtung aller Dokumente und Einrichtungen, die von den dort begangenen Mordtaten Zeugnis ablegten. Die Krematorien und Gaskammern wurden gesprengt. Um keine Belastungszeugen zurückzulassen, mordete die SS bis zum Schluss, konnte aber nicht mehr sämtliche noch in Auschwitz verbliebenen Häftlinge töten. Am 26. Januar verließen die letzten Wachmannschaften das Lager, am folgenden Tag erreichten die ersten sowjetischen Soldaten das Herz der deutschen Vernichtungsmaschinerie. Von den rund 7000 Häftlingen, die sie dort noch vorfanden, erlebten viele wegen Entkräftung das Ende des Krieges nicht mehr.

Auschwitz war die größte Vernichtungsanlage in der Geschichte der Menschheit und zugleich die Perfektion fabrikartigen Massenmords. Innerhalb von nicht einmal drei Jahren wurden hier zwischen 1,1 und 1,5 Millionen Menschen ermordet. Neben etwa 960000 Juden vernichtete die SS zwischen 70000 und 75000 Polen, 21000 »Zigeuner«, 15000 sowjetische Kriegsgefangene sowie 10000 bis 15000 Angehörige anderer Nationen. Weitere 200000 Menschen fielen den unmenschlichen Arbeits- und Ernährungsbedingungen oder den im Lager grassierenden Krankheiten zum Opfer. [2]

10 Die Deportation aus dem Deutschen Reich und den besetzten Gebieten

Aus ganz Europa wurden Juden in die Vernichtungslager im Osten deportiert.

Anders als in Polen, den besetzten sowjetischen Gebieten und Serbien, wo die Juden entweder direkt vor Ort umgebracht oder in nahe gelegene Vernichtungslager gebracht wurden, spielte sich die Ermordung der west-, mittel-, nord- und südeuropäischen Juden weit entfernt von ihrer Heimat ab. Von ihren Wohnorten wurden sie in die Vernichtungslager in Polen deportiert und dort getötet. Zum Zeitpunkt ihrer Deportation war die vollständige Vernichtung der europäischen Juden bereits kein programmatisches Ziel mehr, sondern Realität.

Neben pragmatischen Gründen wie dem knappen Transportraum und der beschränkten Vernichtungskapazitäten der Lager behinderten in erster Linie diplomatische Gründe die sofortige Umsetzung der »Endlösung«. Während die Deutschen im Reich und in den von ihnen besetzten Gebieten weitgehend frei über ihr Vorgehen entscheiden konnten, waren sie im Umgang mit den verbündeten Regierungen in Europa zu Diplomatie gezwungen. Das betraf auch die Frage der Judenvernichtung, für die sie die Bereitschaft ihrer Bündnispartner benötigten, die jüdische Bevölkerung des jeweiligen Landes auszuliefern.

Die deutschen und böhmischen Juden

Mit den ersten Transporten, die im Oktober 1941 das Deutsche Reich in Richtung Reichskommissariat Ostland verließen, hatte die Vernichtung der deutschen Juden begonnen. Offiziell wurden die Deportationen als »Umsiedlungen nach dem Osten« bezeichnet, was, wie geschildert, in der Anfangszeit mehr war als eine reine Tarnbezeichnung. Tatsächlich folgte auf die Deportation in den meisten Fällen nicht die sofortige Ermordung, sondern die Unterbringung in den Ghettos am jeweiligen Bestimmungsort.

Als im Frühjahr 1942 die Massenvernichtung auf breiter Front einsetzte, änderte sich dies zumindest teilweise. Unverändert hielten die NS-Regierung und ihre Handlanger an der Geheimhaltung des Mordprogramms und damit auch an der offiziellen Sprachregelung von der »Umsiedlung« fest.

Am 31. Januar 1942 teilte Eichmann den Staatspolizeistellen im Reich mit, dass die bereits durchgeführten »Evakuierungen« von Juden den »Beginn der Endlösung der Judenfrage im Altreich, der Ostmark und im Protektorat Böhmen und Mähren« darstellte, die nun fortgesetzt werden sollte.[1] Ausnahmen sollte es nur für alte, kranke und ausländische Juden sowie für Juden in deutsch-jüdischen Mischehen geben. Vorübergehend sollte auch auf die Deportation von Juden im »kriegswichtigen Arbeitseinsatz« verzichtet werden.

Innerhalb von knapp drei Monaten wurden über 30000 Juden aus dem Altreich, Österreich und dem Protektorat Böhmen und Mähren in den Distrikt Lublin deportiert und dort in verschiedenen Ghettos untergebracht, deren Einwohner kurz vorher in

Bełżec getötet worden waren. Die Behandlung der deutschen Juden folgte dem bekannten Muster der ausbeutenden Vernichtungspolitik: Die Deportierten wurden in Ghettos gepfercht und soweit wie möglich zur Zwangsarbeit eingesetzt. Wer die dortigen elenden Bedingungen überlebte, wurde schließlich in eines der nahen Vernichtungslager transportiert.

Im Mai 1942 wurden auch die unterbrochenen Deportationen nach Minsk wieder aufgenommen, nun jedoch unter anderen Vorzeichen. Anders als im Herbst des Vorjahres wurden die Ankommenden nicht ins Ghetto gesperrt, sondern direkt ins nahe der weißrussischen Hauptstadt gelegene Lager Malyj Trostenec gebracht und dort getötet. Damit war eine neue Phase der Vernichtungspolitik eingeleitet. Im Juni wurden 1 000 Juden nach Majdanek verschleppt und ermordet, ungefähr zur gleichen Zeit rollten die ersten Züge aus dem Reichsgebiet ins Vernichtungslager Sobibór. Es folgten Deportationen nach Auschwitz und Treblinka.

Das Bedürfnis nach Geheimhaltung der Vernichtung bestimmte auch weiterhin die Politik. Zwar fanden die Deportationen selbst vor aller Augen statt, die wahre Bestimmung der Transporte wurde jedoch als Staatsgeheimnis gehütet. Neben dem strafbewehrten Verbot, Nachrichten über das Schicksal der abtransportierten Juden zu verbreiten, hatte das Bemühen um Geheimhaltung direkte Auswirkungen auf die Vernichtungspolitik. So wurden die in Mischehe lebenden Juden, das heißt Juden, die mit einem »Arier« verheiratet waren, nicht deportiert, auch um neugierige Nachfragen der andernfalls zurückgelassenen Ehepartner zu vermeiden.

Überdies richteten die Nationalsozialisten ein Propagandalager in Theresienstadt unweit von Prag ein, um sämtliche Gerüchte über die angebliche Ermordung der deportierten Juden zu zerstreuen. Dorthin wurden Juden im Rentenalter, Prominente und dekorierte Veteranen des Ersten Weltkrieges gebracht. Das Lager sollte der deutschen und internationalen Öffentlichkeit als Beweis für die humanen Lebensbedingungen der deportierten Juden gezeigt werden. Zu diesem Zweck wurde eigens ein Propagandafilm gedreht und eine Delegation des Internationalen Roten Kreuzes durch die Einrichtung geführt, nachdem zahlreiche »Verschönerungen« durchgeführt worden waren. So waren, um den Eindruck der Überfüllung des Lagers zu vermeiden, im Vorfeld der Delegationsreise Juden von Theresienstadt nach Auschwitz deportiert worden.

Beinahe ein Viertel der ins Konzentrationslager nach Böhmen verschleppten Juden starben infolge der dortigen miserablen Situation. Dass die Nationalsozialisten der Meinung waren, mit einem derartigen Lager die Öffentlichkeit beruhigen zu können, offenbart nur, um wie viel schlimmer das Schicksal der Juden war, die nicht nach Theresienstadt, sondern nach Treblinka oder Auschwitz deportiert wurden.

Überdies wurden zahlreiche Menschen von Theresienstadt weiter in die Vernichtungslager transportiert, wo sie das Schicksal der meisten Deportierten teilten. Das Lager diente als Sammelstelle für die Juden aus dem Protektorat.[2]

Ende 1942 befanden sich neben den in Mischehen lebenden Juden nur noch solche auf dem Reichsgebiet, die in der Rüstungsindustrie eingesetzt waren und dort kriegswichtige Arbeiten verrichteten. Allerdings hatte Hitler schon im Herbst zugesagt, auch diese Juden innerhalb kürzester Zeit deportieren zu lassen und damit nicht zuletzt dem Drängen der Gauleiter nach »judenfreien« Städten und Gauen nachgegeben. Voraussetzung war jedoch, dass die Rüstungsbetriebe vollwertigen Ersatz erhielten.

Die groß angelegte Rekrutierung ausländischer Arbeitssklaven in den besetzten Gebieten, der so genannten Fremdarbeiter, versprach diesen Ersatz zu liefern. Am 27. Februar 1943 war es soweit: Sämtliche Juden, die in Fabriken gearbeitet hatten, wurden festgenommen und – mit Ausnahme der in Mischehen lebenden – nach Auschwitz deportiert. Anfang des darauf folgenden Jahres wurde mit Juden aus nicht mehr bestehenden deutsch-jüdischen Mischehen eine weitere Gruppe nach Theresienstadt verschleppt. Die im Januar 1945 in Angriff genommene Deportation der wenigen, immer noch im Deutschen Reich lebenden Juden, vor allem Kinder, Kranke, Alte und einige wenige Zwangsarbeiter, scheiterte am Kriegsverlauf und dem zunehmenden Chaos der letzten Monate vor der deutschen Kapitulation. Aus Deutschland waren bis dahin 160 000 bis 165 000 Juden ermordet worden, aus Österreich 65 000 und knapp 80 000 aus dem Protektorat.

Die Juden in den besetzten Gebieten

1942 hielten die Deutschen neben Polen, der ehemaligen Tschechei und den westlichen Gebieten der Sowjetunion auch noch Belgien, Luxemburg, die Niederlande, den nördlichen Teil Frankreichs, Dänemark, Norwegen und Serbien sowie einen kleinen Teil Griechenlands besetzt. Gemäß den auf der Wannsee-Konferenz bekannt gegebenen Plänen sollten diese Länder »judenfrei« gemacht werden. Allerdings unterschied sich das Vorgehen von Land zu Land.

Anders als im Generalgouvernement, in Serbien und in den besetzten sowjetischen Gebieten sollten die Juden der west-, nord- und südeuropäischen Staaten nicht vor Ort ermordet, sondern in die Vernichtungslager deportiert werden. Denn im Unterschied zu den östlichen Territorien, sahen sich die deutschen Besatzer ihrer eigenen Ideologie zufolge hier keiner Bevölkerung von »Minderwertigen« gegenüber, die es rücksichtslos zu unterdrücken galt. Vielmehr war ihnen an einer möglichst reibungslosen Zusammenarbeit gelegen, die nicht durch unmittelbares Miterleben des Massenmordes gefährdet werden sollte. Und anders als in Serbien und der UdSSR ließ sich der Holocaust nicht in den Kontext des Krieges einbetten, da die übrigen Länder nicht nur besiegt, sondern weitgehend befriedet waren. Weitere Besonderheiten der jeweiligen Länder sorgten dafür, dass sich das Vorgehen gegen die jüdische Bevölkerung nicht nur in der Art, sondern auch im Ausmaß unterschied.

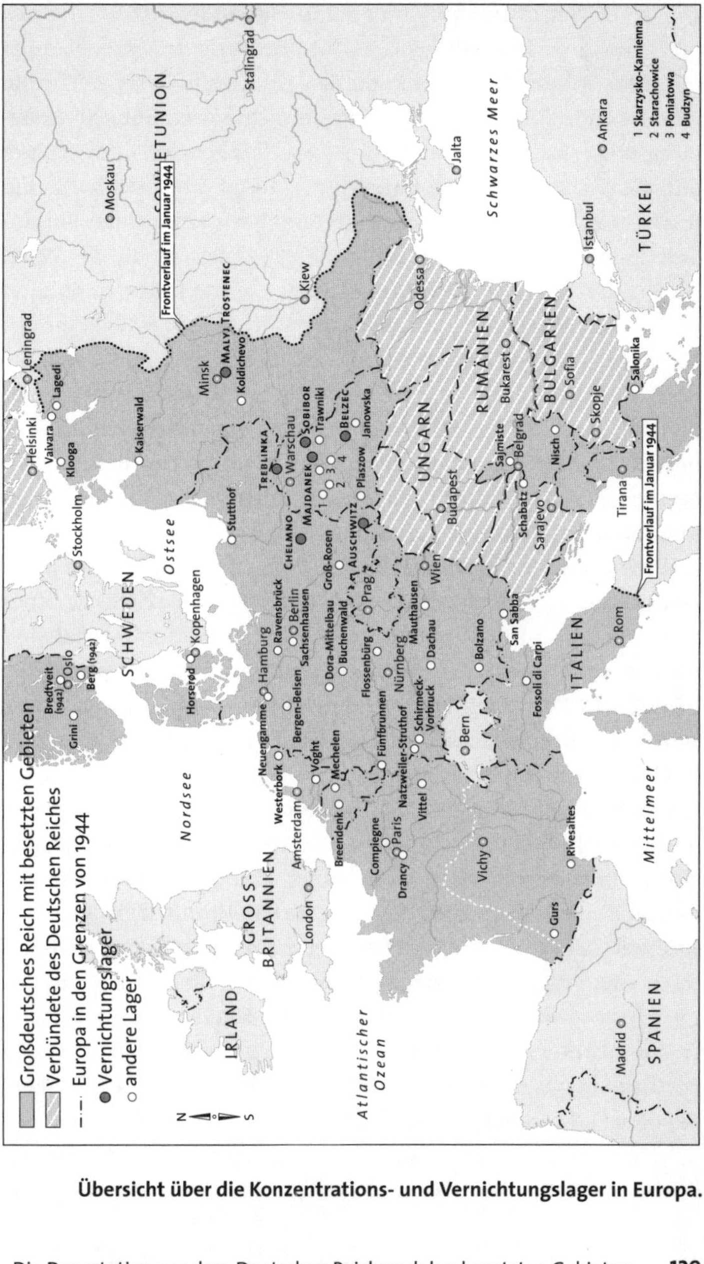

Übersicht über die Konzentrations- und Vernichtungslager in Europa.

Belgien, Luxemburg und die Niederlande

Belgien, Luxemburg und die Niederlande waren bereits seit dem Frühsommer 1940 von den Deutschen besetzt. Für die dort lebende jüdische Bevölkerung brachte die deutsche Besatzung schon bald erhebliche Einschränkungen im Alltagsleben mit sich. Die Nürnberger Gesetze wurden übernommen, die Bewegungsfreiheit beschränkt und der Besitz der Juden zumindest teilweise »arisiert«. Im Sommer 1942 wurde die im Reich bereits gültige Kennzeichnungspflicht auf die Juden in Belgien und den Niederlanden ausgedehnt, während sie in Luxemburg zu diesem Zeitpunkt bereits seit einem knappen Jahr galt. Diese Ungleichzeitigkeit unterstreicht die große Bedeutung, die in der Judenpolitik den Behörden vor Ort zukam. Die drei Länder unterschieden sich schon in der Organisation der Besatzungsherrschaft: Luxemburg war dem Gauleiter von Koblenz-Trier unterstellt und damit de facto ins Reich eingegliedert, während Belgien einem Militärbefehlshaber, dem General Alexander von Falkenhausen, unterstand. Die Niederlande wiederum erhielten eine Zivilverwaltung unter dem fanatischen Nationalsozialisten Arthur Seyß-Inquart. Die unterschiedliche Verwaltungsgliederung hatte Auswirkungen auf den weiteren Verlauf der Judenverfolgung und entschied in letzter Konsequenz über Leben und Tod der jüdischen Bevölkerung.

Die Mehrzahl der gut 3000 Luxemburger Juden verließ das im Mai 1940 besetzte Land bis Mitte 1941, teilweise erzwungen »freiwillig«, teilweise im Zuge einer Massenabschiebung, die der Gauleiter Gustav Simon im August 1940 initiierte. Im Spätsommer des Folgejahres begann die Konzentration der übrig gebliebenen knapp 800 Juden, und bereits im Oktober verließ der erste Transport Luxemburg in Richtung Lodzer Ghetto. Im Laufe des Jahres 1942 wurde nach und nach die gesamte jüdische Bevölkerung Luxemburgs nach Auschwitz und Theresienstadt deportiert. Lediglich 42 überlebten.[3]

In den Niederlanden lebten zum Zeitpunkt des deutschen Einmarschs etwa 140000 Juden. In der von Seyß-Inquart geleiteten Zivilverwaltung besaßen NSDAP und SS, mithin die radikalsten Akteure der Judenpolitik, großes Gewicht. Es gab keine Instanz, die ihren antisemitischen Eifer hätte bremsen können. Die erste Deportation niederländischer Juden in deutsche Konzentrationslager erfolgte bereits im Februar 1941 als Reaktion auf ein Attentat, bei dem ein einheimischer Nationalsozialist sein Leben verloren hatte. Bereits einen Monat zuvor hatte die Besatzungsverwaltung die Registrierung sämtlicher Juden angeordnet. Als Mitte 1942 die Verschleppung in die Vernichtungslager einsetzte, erwiesen sich die so gesammelten Daten als wichtige Grundlage für die Verhaftungen.

Anders als in den meisten anderen Ländern wurden die Juden nicht im Rahmen von Razzien, sondern individuell in ihren Wohnungen verhaftet. Die Deutschen konnten dabei auch auf die Hilfe des einheimischen Verwaltungs- und Polizeiapparats vertrauen. So verliefen die Deportationen weitgehend reibungslos und unkomplizierter als in jedem anderen besetzten Land. Bis Jahresende konnten rund 38000 Juden, darunter 25000 staatenlose, nach Auschwitz deportiert werden. Die durch den Schock des Warschauer Ghettoaufstands ausgelöste Bestrebung, möglichst schnell die noch lebenden Juden zu ermorden, sorgte offensichtlich auch in den Niederlanden für eine weitere Radikalisierung der Verfolgung. Neben Auschwitz und Sobibór waren ab 1944 auch Theresienstadt und Bergen-Belsen Ziele der berüchtigten Güterwaggons. Am 13. September 1944 brachte ein Zug die letzten der insgesamt 107000 niederländischen Deportationsopfer nach Bergen-Belsen. 102000 von ihnen überlebten den Krieg nicht.[4]

Die Situation in Belgien unterschied sich von der in den Niederlanden in mehreren Punkten: Zum einen war die Zahl der dort lebenden Juden deutlich geringer. Zu Kriegsbeginn lebten noch 66000 im Land, Ende 1940 hatten rund 13000 von ihnen im Ausland Schutz vor den Besatzern gesucht. Die übergroße Mehrheit, etwa 90 Prozent der verbliebenen 52000, besaßen die belgische Staatsbürgerschaft. Zum zweiten kam der SS ein viel geringeres Gewicht in der Besatzungspolitik zu, die im wesentlichen von der Militärverwaltung bestimmt wurde. Letztere war insgesamt an einer ruhigen Lage im Land interessiert und konzentrierte sich nicht auf die Durchführung der »Endlösung«. Paradoxerweise erwies sich auch die mangelnde Integration der Juden in die belgische Gesellschaft als Vorteil. Anders als die seit Jahrhunderten gleichberechtigten niederländischen Juden misstrauten die meisten Juden im südlichen Nachbarland den Behörden und versuchten sich ihrem Zugriff zu entziehen. Und im Unterschied zu den Niederlanden wurde in Belgien nicht der gesamte Regierungsapparat in die antijüdischen Maßnahmen eingebunden, sondern nur die unteren Verwaltungseinheiten, die sich wiederum unter deutscher Kuratel nicht sonderlich eifrig zeigten und Anweisungen häufig verschleppten. Weiterhin erwies sich die relativ frühe Entwicklung jüdischer und nichtjüdischer Widerstandsgruppen als hilfreich für das Überleben der Juden, die bei ihnen Unterschlupf vor weiterer Verfolgung finden konnten. Dennoch fielen immerhin 28 500 Juden aus Belgien der deutschen Vernichtungspolitik zum Opfer, darunter in erster Linie staatenlose. Mit 43 Prozent aller Juden lag diese Quote aber deutlich niedriger als in den meisten anderen Ländern unter deutscher Besatzung.[5]

Die »Judenpolitik« in Norwegen und Dänemark

Die beiden skandinavischen Staaten Norwegen und Dänemark waren bereits im April 1940, also einen Monat früher als Belgien, Luxemburg und die Niederlande, von deutschen Truppen besetzt worden. Während in Dänemark die gewählte Regierung im Amt bleiben konnte – ein einmaliger Vorgang im deutsch besetzten Europa –, wurde in Norwegen der Führer der antisemitischen *Nasjonal Samling* (Nationale Einheit), Vidkun Quisling, zum Leiter der von den Besatzern eingesetzten Marionettenregierung. Die wahre Macht lag in den Händen von Reichskommissar Josef Terboven, der sich in den kommenden zwei Jahren zwar bemühte, die knapp 2000 in Norwegen lebenden Juden zu enteignen und zu registrieren, aber keine sonderlichen Anstrengungen zu ihrer Deportation unternahm. Erst nach einer Serie von Sabotagefällen wurden am 26. Oktober 1942 jüdische Männer im Alter von 15 bis 65 Jahren verhaftet, einen Monat später auch Frauen und Kinder. Die Aktion erfolgte überhastet, wodurch zahlreiche Juden die Gelegenheit zur Flucht ins neutrale Schweden erhielten, das seine Grenzen bereitwillig geöffnet hatte. Die ersten Deportationen im Frühjahr 1943 beschleunigten die Fluchtbewegungen. 930 Juden erreichten das rettende Nachbarland. Immerhin 770 wurden jedoch bis 1944 mit Schiffen aufs Festland und von dort nach Auschwitz verbracht, nur 25 überlebten.[6]

In Dänemark war nicht nur die Regierung, sondern auch der König an der Macht geblieben, und auch die Lage der etwa 6000 dänischen Juden sowie der etwa 1500 jüdischen Flüchtlinge, die sich 1940 im Land aufhielten, änderte sich unter der deutschen Besatzung kaum. Das entsprach einer Vereinbarung zwischen den Besatzern und der dänischen Regierung, die ihrerseits das reibungslose Funktionieren der für die deutsche Nahrungsmittelversorgung und Rüstungsindustrie unverzichtbaren dänischen Volkswirtschaft garantierte. Die Besatzungsmacht zeigte wenig Neigung, das ansonsten problemfreie Verhältnis zu Regierung und Bewohnern Dänemarks durch eine antisemitische Politik aufs Spiel zu setzen. Nach dem erhofften »Endsieg« hätte die »Lösung der Judenfrage« in Dänemark unter gänzlich anderen Bedingungen neu aufgerollt werden können.

Als die Wende des Krieges sich abzeichnete – im November 1942 waren alliierte Truppen in Nordafrika gelandet, im Februar 1943 kapitulierte die deutsche 6. Armee in Stalingrad, bald darauf ging die Rote Armee auf breiter Front in die Offensive –, verstärkte sich auch in Dänemark der organisierte Widerstand. Streiks und Sabotagen ließen die Grundlagen der deutsch-dänischen Zusammenarbeit brüchig werden und beschworen eine Krise zwischen Besatzungsmacht und Regierung herauf. In dieser Situation witterte der ehrgeizige Reichsbevollmächtigte Werner Best seine Chance: Eine weitere Verschärfung der Situation, so sein Kalkül, würde eine Verstärkung der deutschen Polizeikräfte in Dänemark und mithin eine Stärkung seiner eigenen Position notwendig machen. Damit hätte er seine Macht deutlich ausgebaut. In der Deportation der Juden sah Best das geeignete Mittel, um den Konflikt zwischen Deutschen und Dänen offen ausbrechen zu lassen. Berlin unterstützte Bests Deportationsvorschlag entschieden, die Pläne wurden jedoch ruchbar, nicht zuletzt weil der deutsche Gesandtschaftsattaché für Schifffahrtsfragen, Georg Ferdinand Duckwitz, sie an dänische Kreise weitergegeben hatte. Zunächst unorganisiert, dann mit Unterstützung verschiedener Widerstandsgruppen und unter öffentlichen Protesten aller Bevölkerungsgruppen, auch des Königs und der Kirche, wurden die Juden über den Seeweg außer Landes gebracht.

Innerhalb von drei Wochen transportierten dänische Fischer 7200 Juden und 700 ihrer nichtjüdischen Verwandten über die Ostsee ins rettende Schweden. Der deutschen Polizei gelang lediglich die Verhaftung von 500 Juden, die anschließend nach Theresienstadt deportiert wurden. Allerdings ließen weder Besatzungsverwaltung noch Wehrmacht sonderlichen Eifer erkennen. Offensichtlich waren sie froh, das »Judenproblem« gelöst und damit das ständige Drängen der Berliner Zentrale abgestellt zu haben.

Anders als in anderen Fällen ging jedoch hier das Kalkül der Deutschen nicht auf, mit der Deportation in den Osten die Verbindung zu den Juden zu unterbrechen. Bevölkerung und Verwaltung versorgten ihre jüdischen Landsleute in Theresienstadt mit Nahrungsmittelpaketen und setzten sich für sie ein. Diesem Einsatz war es zu verdanken, dass im Sommer 1944 die bereits erwähnte Inspektionsreise einer Rotkreuzdelegation nach Theresienstadt stattfand. Und nur dank des beherzten Eintretens konnte erreicht werden, dass auch die übergroße Mehrheit der Deportierten den Krieg überlebte.[7]

Die griechischen Juden

Komplizierter war die Situation in Griechenland, das nach seiner militärischen Niederlage gegen die Achsenmächte im Frühjahr 1942 in drei Besatzungszonen aufgeteilt worden war: Deutschland erhielt mit Mittelmakedonien und einem schmalen Streifen in Ostthrakien ein relativ kleines Gebiet, ebenso Bulgarien, das den übrigen Teil Thrakiens besetzte. Der Rest des Landes wurde dem italienischen Herrschaftsbereich zugeschlagen. Das in Berlin und Rom herrschende Interesse an einem spannungsfreien Verhältnis bewahrte die in Griechenland lebenden Juden im Jahr 1942 vor Verfolgung und Deportation. Zwar wurde im deutsch besetzten Teil auf Drängen des dortigen Militärbefehlshabers im Juli 1942 die Arbeitspflicht für jüdische Männer eingeführt, die ebenfalls vorgeschlagene Einführung des Judensterns unterblieb jedoch wegen des italienischen Widerstands.

Mit Beginn des Jahres 1943 wuchs indes der Druck aus dem Reich, insbesondere von Seiten des Auswärtigen Amts, die judenfeindlichen Maßnahmen auch auf Griechenland auszuweiten. Im Februar wurde die Zustimmung der bulgarischen Regierung zur Deportation der Juden aus Thrakien erreicht, die im folgenden Monat anlief und in deren Verlauf über 4000 Menschen nach Treblinka deportiert wurden. Kurz darauf setzte auch die Deportation der Juden im deutschen Machtbereich ein. Im März und April 1943 wurden rund 48000 Personen nach Auschwitz verschleppt und mehrheitlich unmittelbar nach ihrer Ankunft vergast. Die lautstarken Proteste führender Vertreter der nichtjüdischen Bevölkerung, darunter Hochschullehrer und der Erzbischof von Athen, verhallten ergebnislos. Gleiches galt für den Protest der griechischen Marionettenregierung. Immerhin konnten aber durch den mutigen Einsatz italienischer Konsularbeamter in Saloniki mehrere hundert Juden in die italienische Zone geschmuggelt werden, wo sie einstweilen in Sicherheit waren. Denn die italienische Regierung weigerte sich weiterhin, die Judenverfolgung auch auf ihr Territorium auszudehnen.

Mit der Kapitulation Italiens endete auch für die Juden in Zentralgriechenland die Phase relativer Sicherheit. Im September 1943 besetzten deutsche Truppen den vormals italienisch verwalteten Teil des Landes, und im Frühjahr 1944 wurden auch die bisher durch die Italiener geschützten Juden, über 54 000, nach Auschwitz deportiert. Nicht einmal 2 000 von ihnen kehrten nach dem Krieg in ihre Heimat zurück.[8]

Frankreichs Juden

Auch Frankreich war nach seiner Niederlage im Juni 1940 in drei Zonen eingeteilt worden. Zwar unterstand das gesamte Land dem deutschen, in Paris residierenden Militärbefehlshaber, besetzt wurden jedoch nur der nördliche Landesteil sowie die gesamte Atlantikküste. Eine kleine Besatzungszone um Nizza herum erhielten die Italiener, das übrige Gebiet im Süden des Landes wurde von der französischen Kollaborationsregierung unter Marschall Henri Philippe Pétain mit Sitz in Vichy verwaltet, die offiziell für das ganze Land verantwortlich war, also auch für den nördlichen Teil. Die Doppelstruktur von deutscher Besatzungsverwaltung und einer mit hoher Autonomie und eigenem Apparat ausgestatteten einheimischen Regierung unterschied Frankreich von den übrigen Ländern unter deutscher Herrschaft. Für die Judenpolitik sollte sich das insbesondere im relativ großen Spielraum der Vichy-Regierung sowie im hohen Grad der Abhängigkeit der deutschen von den französischen Stellen zeigen.

Zum Zeitpunkt der französischen Kapitulation lebten etwa 165 000 Juden im deutsch besetzten Teil Frankreichs und 145 000 in den übrigen Landesteilen. Die Mehrheit von ihnen besaß keine französische Staatsbürgerschaft, ungefähr ein Drittel waren Exilanten, die vor den Nationalsozialisten aus Deutschland, Österreich und den besetzten Staaten Schutz gesucht hatten. Noch im Sommer 1940 begann sowohl im besetzten als auch im unbesetzten Teil Frankreichs die weitgehende Entrechtung und Enteignung der Juden, wobei die Deutschen nur wenig Druck auf das Vichy-Regime ausüben mussten, um es zur Beteiligung zu bewegen. Besonders hart war das Los der ausländischen Juden. Im Mai und August 1941 verhafteten die Deutschen mit Unterstützung der Pariser Polizei mehr als 7 500 deutsche, österreichische, tschechische und polnische, aber auch einige französische Juden in der französischen Hauptstadt und internierten sie in drei dafür eingerichteten Lagern. Wenig später wurden die Weichen für die Deportation der Juden nach Osten gestellt.

Die schnelle und schwere Niederlage hatte Frankreich erschüttert, und weite Teile der Bevölkerung teilten das von Vichy verkörperte Bedürfnis nach einer Phase der Ruhe und nationalen Erneuerung. Die virulentesten Gegner der nationalsozialistischen Besatzer, die französischen Kommunisten, waren durch die deutsch-sowjetische Zusammenarbeit ihres weltanschaulichen Kompasses beraubt. Das änderte sich mit dem deutschen Überfall auf die Sowjetunion. Der zunehmende Unmut linker Bevölkerungsgruppen über die Politik Vichys und der Besatzungsmacht äußerte sich nicht nur in Protesten, sondern ab August 1941 auch in wiederholten Anschlägen auf deutsche Einrichtungen und Soldaten. Der deutsche Militärbefehlshaber in Frankreich, General Otto von Stülpnagel, reagierte darauf, indem er inhaftierte Franzosen als Geiseln erschießen ließ. Hitler und Himmler hielten den General jedoch für »viel zu weich« und forderten zukünftig die Erschießung von mindestens 50 Geiseln für einen getöteten Wehrmachtsangehörigen. Wenig später erhöhte das Oberkommando der Wehrmacht diese Quote sogar auf eins zu 100, für jeden verwundeten Deutschen sollten 50 Franzosen erschossen werden. Stülpnagel wehrte sich gegen diese Vorgaben, weil er befürchtete, mit einem solchen harten Vorgehen die Bevölkerung gegen sich aufzubringen. Hitler bestand jedoch auf der Einhaltung der gesetzten Quote. Um dem Dilemma zu entkommen, schlug Stülpnagel Anfang Dezember schließlich vor, statt Geiseln zu erschießen eine große Anzahl jüdischer Männer in den Osten deportieren zu lassen.

Es ist nicht abschließend geklärt, ob sich der Militärbefehlshaber über die vollen Konsequenzen seines Vorschlags im Klaren war. Auf jeden Fall dürfte ihm bewusst gewesen sein, dass die Deportierten ein schlimmes Schicksal erwartete. Der Vorschlag folgte einer doppelten Logik: Zum einen war Stülpnagel davon überzeugt, dass die Deportation von Juden in der Bevölkerung weniger Aufruhr verursachen würde als die Füsilierung nichtjüdischer Franzosen, was letztendlich der Stabilität der deutschen Besatzungsherrschaft zugute käme. Zum anderen folgte der General der in der Wehrmacht weit verbreiteten Gleichsetzung von Judentum und Kommunismus und sah in den Juden tatsächlich eine Gefährdung für die deutsche Sicherheit. Diesem Verständnis entsprach auch sein Vorschlag, lediglich jüdische Männer, nicht aber Frauen und Kinder zu deportieren.

Als Stülpnagel seinen Vorschlag unterbreitete, war die grundsätzliche Entscheidung zur Deportation der französischen Juden bereits gefallen. Schon früh hatte der an der deutschen Botschaft in Paris tätige Verbindungsmann zum SD, Carltheo Zeitschel, bei Botschafter Abetz auf die Abschiebung gedrängt und ihn dazu veranlasst, eine entsprechende Erlaubnis in Berlin einzuholen. Insofern gab Stülpnagel mit seinem Vorschlag zwar den konkreten Anstoß zum Beginn der Deportationen, der generelle Beschluss war jedoch schon an anderer Stelle gefallen. Im Übrigen überzeugte Stülpnagels Offerte Hitler nur teilweise. Während die Deportation der Juden seine Zustimmung fand, bestand er weiterhin auf der Einhaltung der Repressalienquote. Im Februar 1942 reichte Stülpnagel wegen anhaltender Meinungsverschiedenheiten in dieser Frage seinen Rücktritt ein.[9]

Stülpnagels Vorschlag, 1 000 Juden zu deportieren, wurde zunächst nur zur Hälfte umgesetzt: Zwar internierte die Besatzungsmacht eine entsprechende Anzahl von Juden, ihrer sofortigen Deportation stand jedoch der durch die schwierige Lage an der Ostfront bedingte Mangel an Transportmitteln entgegen. Als im Frühjahr des folgenden Jahres dieser Engpass behoben worden war, erfolgte die Deportation der ersten 1 112 Juden aus

Frankreich nach Auschwitz. Ursprünglich sah Heydrich darüber hinaus die Verschleppung von 5000 weiteren Juden aus Paris im Laufe des Jahres vor, während weitere Judentransporte erst für 1943 geplant waren. Innerhalb kurzer Zeit verschärfte Himmler jedoch seine Vorgaben, »mit dem Ziel der ehebaldigsten restlosen Freimachung Frankreichs von Juden«.[10] Zur selben Zeit konnte die Bereitschaft Vichys zur Verhaftung der staatenlosen und ausländischen Juden sowohl im besetzten als auch im unbesetzten Gebiet erreicht werden. Am 16. und 17. Juli wurden in Paris über 12000 Juden verhaftet und bis Anfang August deportiert, ab August begannen auch die Deportationen aus den unbesetzten Gebieten. Auf selbständigen Vorschlag der Vichy-Regierung betraf das auch jüdische Kinder und Jugendliche unter 16 Jahren, die von deutscher Seite zunächst noch ausgenommen worden waren.

Die Massenverhaftungen im unbesetzten Landesteil stießen jedoch auf Ablehnung in der Bevölkerung und vor allem bei der katholischen Kirche. Daraufhin stellte die Vichy-Regierung die Verhaftungen ein und erklärte den Deutschen, dass sie andernfalls den Rückhalt in der Bevölkerung und damit die Basis der Kollaborationspolitik verlieren würde. Auch in der deutsch besetzten Zone konzentrierten sich die Besatzer nun darauf, die ausländischen Juden zu deportieren. Bis Ende 1942 wurden so insgesamt 42000 Juden aus Frankreich verschleppt. Dann unterbrach eine erneute Transportsperre die Deportationen bis zum Frühjahr.

Als sie im Februar 1943 wieder aufgenommen wurden, hatte sich die Lage in einem entscheidenden Punkt vollständig geändert: Es gab keinen unbesetzten Teil Frankreichs mehr. Nachdem amerikanische und britische Truppen im November 1942 in Französisch-Marokko und Algerien gelandet waren und die dort stationierten Vichy-Truppen kapituliert hatten, ließ Hitler am 11. November das bis dato unbesetzte französische Territorium besetzen. Dennoch war Deutschland weiterhin auf die Unterstützung der Vichy-Regierung angewiesen. Unter dem

Eindruck der deutschen Niederlagen zeigte sich diese jedoch zunehmend zurückhaltender. Je weniger sie den Besatzern in der Judenpolitik entgegenkäme, soviel war klar, desto besser wäre ihre Verhandlungsposition gegenüber den Westalliierten. Aus diesem Grunde kam sie dem deutschen Drängen auf Auslieferung der Juden nur zögerlich nach.

Ein weiteres Problem ergab sich aus der Weigerung der Italiener, die judenfeindlichen Maßnahmen in dem von ihnen besetzten Teil Frankreichs zuzulassen. Da sie überdies Juden aus anderen Landesteilen Zuflucht boten und sich allen deutschen Aufforderungen zur Änderung ihres Verhaltens verschlossen, konnte das Ziel, Frankreich »judenfrei« zu machen, auf absehbare Zeit nicht erreicht werden. Vorerst beschränkten sich die Deportationen auf den nördlichen Teil Frankreichs.

Mit der italienischen Kapitulation sollte sich das jedoch schlagartig ändern. Am 8. September 1943 besetzten deutsche Truppen die bisherige italienische Besatzungszone, und bereits zwei Tage später wurde in brutalen Razzien Jagd auf die Juden gemacht. Aufgrund der geringen Kooperationsbereitschaft der französischen Polizei konnten jedoch im Laufe der kommenden Monate nicht mehr als sieben Prozent der rund 25 000 bis 30 000 Juden, die sich in Nizza aufhielten, deportiert werden.

Nach und nach ließen die Deutschen auch die Rücksicht auf die französische Regierung fallen und gingen zur systematischen Verhaftung der Juden mit französischer Staatsbürgerschaft über. Die letzte Eskalationsstufe überschritten sie im Frühjahr 1944, als klar war, dass das Vichy-Regime jeglichen Rückhalt in der Bevölkerung verloren hatte und es folglich keinen Gewinn für das Deutsche Reich bedeutete, sich mit den Kollaborateuren gut zu stellen. Von nun an war die Herrschaft nur noch durch Terror sicherzustellen und es gab keinen mehr Grund, vom Terror gegen die Juden abzusehen. Eine erneute Verhaftungswelle rollte durch das ganze Land. Bis zum Fall von Paris am 25. August 1944 verschleppten die Deutschen noch mehr als 6 000 Juden in die Vernichtungslager im Osten.

Ingesamt wurden 73 000 Juden aus Frankreich deportiert, zwei Drittel von ihnen waren keine französischen Staatsbürger. 250 000 überlebten auf unterschiedliche Weise. Trotz des relativ geringen Anteils der Deportierten an der Gesamtzahl der jüdischen Bevölkerung hatten die Deutschen wenig Grund, über Vichy und die französischen Behörden zu klagen. Ausschlaggebend für die hohe Überlebensrate waren vielmehr die häufigen Unterbrechungen bei der Durchführung der Deportationen. Rücksichtnahme auf die ansonsten weitgehend ruhige Bevölkerung und die Stabilität des Vichy-Regimes angesichts eines immer unsicherer werdenden Kriegsverlaufs hielten die Deutschen davon ab, ihr seit spätestens Frühjahr 1942 feststehendes Ziel, Frankreich »judenfrei« zu machen, mit durchgängiger Vehemenz zu verfolgen.[11]

11 Die deutschen Verbündeten und die Judenverfolgung

Hitlers engster Verbündeter, der italienische Diktator Mussolini, verweigerte seine Unterstützung bei der Judenverfolgung.

Das Ziel der deutschen Politik war die Vernichtung aller in Europa lebenden Juden. Anders als in den okkupierten Ländern konnten die Deutschen bei ihren Verbündeten die Deportationen nicht ohne deren Einverständnis durchführen. Der diplomatische Spielraum bei der Verhandlung über die Judenpolitik wurde von der Bedeutung bestimmt, den das jeweilige Land für das Deutsche Reich während des Krieges besaß. Auf der anderen Seite war ein Nachgeben gegenüber den deutschen Forderungen für die Regierungen der Bündnispartner eine Möglichkeit, Zugeständnisse in anderen Fragen zu erreichen. In dieser Hinsicht war die »Judenfrage« ein Problem der zwischenstaatlichen Beziehungen geworden, vergleichbar mit klassischen Themen der Außenpolitik wie Wirtschaftskooperationen oder Rüstungslieferungen.

Slowakei, Kroatien und Rumänien

Zumindest in der Anfangszeit erwies sich die slowakische Regierung Tiso als williger Unterstützter der deutschen Judenpolitik. Im März 1939 war die Marionettenregierung nach der »Zerschlagung der Resttschechei« im unbesetzten slowakischen Landesteil der vormaligen ČSR entstanden. An ihrer Spitze stand der katholische Priester Jozef Tiso, der den Aufbau eines national-autoritär geprägten Staates mit fester Verankerung im Katholizismus anstrebte. Antisemitismus war in der slowakischen Bevölkerung weit verbreitet. Als 1939 Teile des Landes unter deutschem Druck an Ungarn abgetreten werden mussten, entlud sich die Enttäuschung darüber in offener Gewalt gegen die jüdische Bevölkerung. Es kam zur Plünderung jüdischer Geschäfte und zu staatlich organisierten Zwangsumsiedlungen.

Die slowakische und die deutsche Regierung vereinbarten eine enge Zusammenarbeit in der Judenpolitik. Aus diesem Grunde schickte Berlin im August 1941 mit Dieter Wisliceny, einem Angehörigen des Reichssicherheitshauptamtes, sogar einen offiziellen Berater für jüdische Angelegenheiten nach Bratislava. In schneller Folge wurden die bereits in Deutschland und Polen erprobten Radikalisierungsschritte der Judenverfolgung getätigt: jüdisches Eigentum wurde »arisiert«, eine Kennzeichnungspflicht sowie eine den Nürnberger Gesetzen analoge Judendefinition eingeführt. Kurz nach der Wannsee-Konferenz erzielten beide Regierungen ein Übereinkommen über die Deportation sämtlicher Juden aus der Slowakei. Der erste Deportationszug rollte am 27. März, und bis Oktober 1942 waren rund 58 000 Juden nach Auschwitz, Majdanek und Lublin verschleppt worden. Zu diesem Zeitpunkt lebten noch etwa 30 000 Juden in der Slowakei, die zu einem Teil geflohen waren, zu einem Großteil aber in der slowakischen Wirtschaft Verwendung fanden. Nicht nur, um diese Arbeitskräfte zu erhalten, sondern auch, weil sich inzwischen in der Bevölkerung und auch unter den führenden Vertretern der katholischen Kirche Widerstand gegen die Deportationen regte, stellte die Regierung Tiso sie vorläufig ein.

Am 28. August 1944 brach in der Slowakei ein Aufstand oppositioneller Kräfte aus, den die Deutschen jedoch bald niederschlagen konnten. Infolgedessen wurden über 13 000 weitere Juden in die Vernichtungslager deportiert, bevor die Rote Armee mit der Besetzung Bratislavas am 4. April 1945 das ganze Land befreit hatte. Etwa 4 000 bis 5 000 slowakische Juden überlebten den Krieg in Verstecken, weitere 10 000 kehrten aus den Lagern zurück, rund 90 000 wurden ermordet. Rund 10 000 waren vor den Deportationen nach Ungarn geflohen. Von dort aus wurden sie 1944 ebenfalls in die Vernichtungslager verschleppt.[1]

Kein Regime hielt Hitler länger die Treue als das der kroatischen Ustaša unter Ante Pavelić. Und kein anderes Regime unter den Achsenmächten und ihren Verbündeten – außer dem Deutschen Reich selbst – war für vergleichbare Massenmorde verantwortlich wie das der nationalistischen Machthaber in Zagreb, das nach dem deutschen Sieg über Jugoslawien im April 1941 errichtet worden war. Hauptfeind der Ustaša war nicht die jüdische, sondern die serbische Bevölkerung. Aber auch über 30 000 Juden standen ihrem Ziel eines ethnisch reinen und katholischen Kroatiens entgegen. Deswegen zögerten sie nicht, zahlreiche antisemitische Bestimmungen nach deutschem Vorbild zu übernehmen. Bereits einen Monat nach Beginn ihrer Herrschaft hatten die neuen Machthaber Kroatiens über die Hälfte aller Juden in Lagern interniert, wo die meisten entweder an den miserablen Bedingungen zugrunde ging oder umgebracht wurden. Als ein Jahr später das RSHA die Deportation der noch lebenden Juden verlangte, stieß es auf keinen Widerstand. In zwei Wellen wurden im August 1942 und im Mai 1943 mehr als 7 000 kroatische Juden nach Auschwitz verschleppt.[2]

Unter allen deutschen Bündnispartnern verhielt sich Rumänien am widersprüchlichsten. Bereits in der Zwischenkriegszeit waren in allen Gesellschaftsschichten ausgeprägte antisemitische Neigungen zu beobachten. Seit 1938 wurde der Antisemitismus auch Teil der offiziellen Regierungspolitik. Nach und nach wurden Juden aus dem öffentlichen Leben verdrängt. Als die Sowjetunion im Juni 1940 mit deutscher Billigung von Rumänien die Abtretung der Bukowina und Bessarabiens erzwang, richteten die rumänischen Truppen auf ihrem Rückzug unter Beteiligung der örtlichen Bevölkerung Massaker unter den Juden an, denen mehrere hundert Menschen zum Opfer fielen.

Kurz darauf wurde Rumänien zu weiteren Gebietsabtretungen genötigt. Diesmal war es das Deutsche Reich, das für seine Verbündeten Ungarn und Bulgarien territoriale Vergrößerungen durchsetzte. Der rumänische König erkannte, dass sein Land sich nun ebenfalls auf die Seite der Deutschen stellen musste, um weitere Nachteile zu vermeiden, und beauftragte den General Ion Antonescu mit der Bildung einer deutschfreundlichen Regierung, die unmittelbar nach ihrer Ernennung die rechtliche Situation der Juden weiter einschränkte. Antonescus Stellung in seiner eigenen Regierung war äußerst fragil, weshalb er auf die Unterstützung der Deutschen angewiesen war. Die seit Oktober 1940 im Land stationierten zwölf Divisionen der deutschen Wehrmacht manifestierten die Abhängigkeit des neuen Regierungschefs von Hitler auf drastische Weise. Antonescu zeigte sich durch den Erlass eines »Judenstatuts« erkenntlich, der den Juden die rumänische Staatsbürgerschaft entzog.

Nachdem im Januar 1941 auch Dank Hitlers Unterstützung für Antonescu ein Putsch gegen ihn niedergeschlagen worden war, wuchs die Abhängigkeit von Deutschland weiter. Die anhaltende Verschärfung der antijüdischen Maßnahmen erfolgte nun in enger Abstimmung mit Berlin. Jüdische Häuser und Wohnungen wurden beschlagnahmt, jüdisches Eigentum enteignet und die Zwangsarbeit angeordnet. Die entscheidende Radikalisierung aber vollzog sich mit dem Krieg gegen die Sowjetunion, an dem sich Rumänien mit zwei Armeen beteiligte. Wenige Tage nach Kriegsausbruch richteten rumänischen Soldaten, Polizisten und Zivilisten im nordrumänischen Iaçi ein Blutbad unter der dortigen jüdischen Bevölkerung an. Innerhalb weniger Tage ermordeten sie über 10 000 Juden. Noch grausamer gingen rumänische Einheiten mit Unterstützung deutscher SS-Verbände, vor allem der Einsatzgruppe D, in den von der Sowjetunion zurückeroberten Gebieten der Bukowina und Bessarabiens vor. Innerhalb der ersten drei Monate des Krieges töteten sie etwa 50 000 Menschen, anschließenden deportierten sie die übrigen Juden – rund 150 000 – in den Raum zwischen Dnestr und Bug, wo durch Hunger, Krankheiten und Erschöpfung, aber auch Tötung mindestens 65 000 zu Tode kamen. Kein anderer deutscher Verbündeter zeichnete sich durch eine vergleichbare Brutalität gegenüber den Juden aus.

Bereits im November 1941 bekundete Antonescu seine Bereitschaft zur Deportation der rumänischen Juden. Alles sah so aus, als habe das Deutsche Reich in Rumänien seinen treusten Mitstreiter in der »Judenpolitik«. Aber Ende 1942 wendete sich das Blatt. Die hohen Verluste der rumänischen Truppen an der Ostfront und die wachsenden Zweifel an der deutschen Bereitschaft, Ungarn zu einer Rückgabe Siebenbürgens zu bewegen, bewirkten einen Sinneswandel bei Antonescu. Vielleicht war auch der immer fraglicher werdende deutsche »Endsieg« sowie das Bedürfnis nach einem Separatfrieden der eigentliche Antrieb zur Zurückhaltung. Auf jeden Fall verweigerte die rumänische Regierung die weitere Zusammenarbeit in der »Judenfrage«. Die deutsche Seite hatte ihrerseits wenig in der Hand, um ihre Position durchzusetzen, vor allem weil sie zur Weiterführung des Krieges auf das rumänische Erdöl angewiesen war.

Statt der Deportation erklärte Antonescu nun die Auswanderung zum Mittel der Wahl für die »Lösung der Judenfrage«. Die Deutschen protestierten. Mehrere Schiffe, die rumänische Auswanderer nach Palästina bringen sollten, wurden versenkt. Insgesamt gelangten nicht mehr als 5 000 Juden auf diesem Weg ins Heilige Land. Auch gestaltete sich das weitere Leben der im Land verbliebenen Juden elend. Aber anders als die rund 420 000 rumänischen Juden aus der Bukowina, Bessarabien und den ungarischen Teilen Siebenbürgens, die von den Nationalsozialisten oder in ihrem Auftrag ermordet wurden, überlebten die meisten jüdischen Bewohner Zentralrumäniens den Krieg.[3]

Bulgarien und Finnland

Die geringsten Zugeständnisse in der Judenpolitik machte Finnland. Die 2000 im Land lebenden Juden überlebten den Krieg unbeschadet. Die Regierung Mannerheim bekämpfte den Antisemitismus, und als Himmler im Sommer 1942 den finnischen Premierminister auf die »Judenfrage« in seinem Land ansprach, erwiderte dieser, eine solche Frage gebe es in Finnland nicht. Dass die deutsche Regierung es dabei bewenden ließ, war der hohen Bedeutung geschuldet, die Finnland im Kampf gegen die Sowjetunion im Norden der Ostfront zukam. Dennoch konnte Berlin die Finnen zur Auslieferung von vier deutschen und eines estnischen Juden bewegen, die im November 1942 in Auschwitz ermordet wurden.[4]

Die bulgarische Regierung zeigte sich dagegen zunächst kooperationswillig. In der Hoffnung, durch die Zusammenarbeit mit Deutschland seine im Zweiten Balkankrieg 1913 verlorenen Gebiete zurückzuerhalten, erließ sie antisemitische Gesetze, um die besondere Verbundenheit mit dem Reich und seiner nationalsozialistischen Politik zum Ausdruck zu bringen. Das war vor allem deshalb bemerkenswert, weil nicht nur die jüdische Minderheit nicht mehr als ein Prozent der Gesamtbevölkerung stellte, sondern vor allem, weil Antisemitismus in Bulgarien ein Randphänomen war und nur bei einem kleinen Teil rechtsnationalistischer Kräfte Widerhall fand. Die 1941 ratifizierten Gesetze wurden nach dem Balkankrieg auch auf die bulgarische Besatzungszone in Griechenland ausgedehnt und im August 1941 weiter verschärft.

Auf Drängen des Deutschen Reiches bereitete die bulgarische Regierung im Frühjahr 1943 die Deportation von rund 20000 Juden vor, die überwiegend, aber nicht ausschließlich aus den besetzten Gebieten Griechenlands stammen sollten. Während die Verschleppung der 17000 Juden aus Thrakien und dem bulgarisch besetzten Teil Mazedoniens nach Treblinka ohne größere Schwierigkeiten verlief, regte sich gegen den geplanten Abtransport von Juden aus den altbulgarischen Gebieten erheblicher Widerstand. Eine Gruppe Parlamentarier wandte sich lautstark gegen diesen barbarischen Akt, so dass die Regierung sich zum Einlenken gezwungen sah. Auf die später erfolgende Ausweisung der jüdischen Bevölkerung aus Sofia in die bulgarische Provinz reagierten weite Teile der Bevölkerung und der orthodoxen Kirche mit Protest. Weitere antijüdische Maßnahmen wurden daraufhin vorerst zurückgestellt. Die Kapitulation Italiens und die sich immer deutlicher abzeichnende Wende im Kriegsglück bewegten die bulgarische Regierung zu einer vorsichtigeren Haltung in der »Judenfrage«. Statt sich bei den Nationalsozialisten mit einer judenfeindlichen Politik Liebkind zu machen, schien es eher angeraten, die eigene Verhandlungsposition für einen etwaigen Wechsel auf die Seite der Alliierten zu verbessern. Gleichzeitig erkannte die deutsche Regierung, dass es wichtig war, Bulgarien als Bündnispartner im Krieg zu behalten und nichts zu tun, um Unruhe in das Land zu tragen. Deswegen ließ sie auch von ihrer Forderung nach einer verschärften »Judenpolitik« ab. Für die etwa 50 000 bulgarischen Juden bedeutete dies die Rettung.[5]

Die faschistischen Judenretter: Italien

Das faschistische Italien unter seinem »Duce« Benito Mussolini war nicht nur in vielem Vorbild Hitlers, sondern auch sein erster und wichtigster außenpolitischer Verbündeter auf seinem Weg zur Herrschaft über Europa. Bereits 1936 hatten die beiden Länder den »Antikominternpakt« geschlossen und damit die so genannte »Achse Berlin-Rom« begründet. Ausgerechnet für das Herzstück seiner ideologischen Politik, der Vernichtung der europäischen Juden, konnte Hitler indes nicht mit der Unterstützung seines italienischen Bundesgenossen rechnen. Wohl mehr aus Kalkül denn aus Überzeugung hatte Mussolini seit Hitlers »Machtergreifung« und verstärkt ab 1936 zu einer immer antisemitischeren Rhetorik gefunden, nachdem er sich in den ersten zehn Jahren seiner Regierung nachgerade als Philosemit präsentiert hatte. 1938 wurden in Italien Rassegesetze erlassen, die Juden die vollen Staatsbürgerrechte aberkannten, aber deutlich hinter den Nürnberger Gesetzen zurückblieben. Andere Anordnungen, wie etwa die ab Mai 1942 landesweit befohlene Zwangsarbeit für alle Juden im Alter zwischen 18 und 55, wurden vor Ort hintertrieben. Dagegen wurden tausende von Juden – mehrheitlich solche ohne italienische Staatsbürgerschaft – nach Kriegsbeginn interniert, weil sie als potentielle Feinde galten. Zu keinem Zeitpunkt scheint Mussolini jedoch auf die Vernichtungspolitik der Deutschen eingeschwenkt zu sein. Wegen der hohen Bedeutung Italiens als wichtigstem deutschen Bündnispartner erklangen entsprechende Forderungen auch nur sehr verhalten. Dabei hatte Himmler ein starkes Interesse daran, auch die italienischen Juden in die Vernichtung einzubeziehen. Insbesondere die massive Unterstützung, die die italienischen Besatzungsbehörden in Frankreich, Kroatien und Griechenland den verfolgten Juden angedeihen ließ, war ihm ein Dorn im Auge.

Am 25. Juli 1943 besetzten alliierte Truppen Sizilien. Daraufhin setzte die faschistische Regierung Mussolini ab und ließ ihn verhaften. Als am 8. September desselben Jahres zwei britische Divisionen in Süditalien landeten, erklärte Marschall Badoglio, Mussolinis Nachfolger, den Kriegsaustritt seines Landes. Hitler reagierte umgehend und ließ Italien von der Wehrmacht besetzen. Am 12. September befreiten deutsche Fallschirmjäger den »Duce« aus der Haft, kurz darauf errichtete dieser seine Herrschaft erneut, nun jedoch in vollständiger Abhängigkeit von den Deutschen. Für diese bestand folglich auch kein Grund mehr, die Umsetzung ihrer mörderischen Politik gegenüber den italienischen Juden noch länger aufzuschieben. Mit Unterstützung der italienischen Behörden und der einheimischen Polizei gelang es den Besatzern, bis Ende des Jahres über 3000 und bis Ende des Folgejahres weitere 4000 Juden zu deportieren, von denen die Mehrzahl nicht überlebte. Dank der engagierten Hilfe der Bevölkerung entgingen jedoch rund 80 Prozent der italienischen Juden der Deportation und damit der wahrscheinlichen Vernichtung.

Eine weitere Folge des italienischen Kriegsaustritts war der Wegfall des Schutzes, den das Land in den von ihm besetzten Teilen Frankreichs, Griechenlands und Kroatiens gewährt hatte. Infolgedessen wurden neben den bereits erwähnten 1 800 Juden aus Frankreich über 5 000 aus Griechenland und 200 aus Kroatien deportiert. Auch das bis dato italienisch besetzte Albanien wurde nun von deutschen Truppen okkupiert und die mehr als 500 dort lebenden Juden verschleppt und mehrheitlich ermordet.[6]

Der Sonderfall Ungarn

Das letzte Land, dessen jüdische Bewohner Opfer der nationalsozialistischen Vernichtungspolitik wurden, war Ungarn. Durch den Friedensschluss von Trianon hatte das Land, das bis 1918 Teil der österreich-ungarischen Doppelmonarchie gewesen war, nach dem Ersten Weltkrieg rund zwei Drittel seines Territoriums verloren. Der Unwille, die Kriegsniederlage zu akzeptieren, bildete wie in Deutschland und Österreich das Fundament für den Aufstieg antidemokratischer Kräfte. Antisemitische Stimmungen fanden bei Teilen der Bevölkerung starken Widerhall. Bereits 1920 führte Ungarn de facto die Monarchie wieder ein, statt eines Königs stand jedoch der Weltkriegsheld Admiral Miklós Horthy als Reichsverweser an der Spitze des Staates.

Bereits seit Hitlers »Machtergreifung« hatten sich führende ungarische Politiker um eine Annäherung an Deutschland bemüht, weil sie sich neben einer verbesserten wirtschaftlichen Zusammenarbeit die Unterstützung in ihrem Bemühen um die Revision des Vertrags von Trianon erhofften. Infolge des Münchener Abkommens und der »Zerschlagung der Resttschechei« erhielt Ungarn tatsächlich mit der Karpatho-Ukraine und Südruthenien einen Teil seiner 1920 an die Tschechoslowakei gefallenen Gebiete zurück. Im folgenden Jahr musste Rumänien im Zweiten Wiener Schiedsspruch Nordsiebenbürgen an seinen nordwestlichen Nachbarn abtreten. Um diese Gebietserwerbungen abzusichern, trat Ungarn dem Dreimächtepakt bei.

Als die deutschen Truppen im Juni 1941 zum Angriff auf die Sowjetunion antraten, schickte Ungarn 45 000 Soldaten zur Unterstützung seines Bundesgenossen, 1942 wurden die Truppen sogar auf 250 000 aufgestockt.

Der Antisemitismus der Zwischenkriegszeit hatte eine deutliche Verschlechterung für die Lebensverhältnisse der über 400 000 Juden gebracht, die noch im Gebiet des »Trianon-Ungarn« wohnten, 300 000 weitere waren in den später annektierten Territorien ansässig. In den Jahren 1938, 1939 und 1940 erließ die Regierung mehrere antisemitische Gesetze, die neben Berufsbeschränkungen und einer rassischen Judendefinition auch das Verbot von jüdisch-magyarischen »Mischehen« sowie sexuellen Beziehungen enthielten. Außer dem Deutschen Reich galten 1940 in keinem Land Europas so scharfe judenfeindliche Gesetze wie in Ungarn.

Im Juli und August 1941 ließ die ungarische Regierung rund 17 000 Juden aus den zwischen 1938 und 1940 annektierten Gebieten verhaften und schob sie in die besetzten sowjetischen Territorien ab. Die meisten von ihnen wurden in Kamenec-Podol'skij von den Deutschen ermordet. Auch im ungarisch besetzten Teil Jugoslawiens wurden über 1 000 Juden Opfer der ungarischen Armee, als sie im Frühjahr 1942 mehrere Massaker an der Zivilbevölkerung in der Gegend um Novi Sad anrichtete.

Während sich die ungarische Regierung gegenüber den Juden, die zwar auf ihrem Staatsgebiet lebten, aber keine ungarische Staatsangehörigkeit besaßen, zynisch-gleichgültig zeigte, weigerte sie sich, ungarische Staatsbürger jüdischen Glaubens an das Deutsche Reich auszuliefern. Trotz mehrfacher Intervention des Auswärtigen Amtes gelang es den Deutschen nicht, die ungarische Regierung zu einer anderen Haltung zu bewegen. Die ungarischen Juden konnten weiterleben, wenn auch unter starken Diskriminierungen. Im März 1944 aber besetzten deutsche Truppen Ungarn. Die – nicht unberechtigte – Angst, Ungarn, dessen an der Ostfront eingesetzte Soldaten einen hohen Blutzoll gezahlt hatten, könne unter dem Eindruck der sowjetischen Siege die Seiten wechseln, bewegte die Reichsregierung zum Handeln. Schon lange galt Ungarn als unsicherer Kantonist. Nicht zuletzt die stetige Weigerung, sich an der »Judenpolitik« des Dritten Reichs zu beteiligen, hatte dieses Misstrauen geschürt. Der Südost-Experte des Auswärtigen Amtes, Edmund Veesenmayer, berichtete aus Budapest, die dortige Regierung wolle ihre Juden deshalb nicht ausliefern, weil sie sich eine gute Verhandlungsposition mit den Westalliierten erhalten wolle. Deswegen sei es aus Sicht des Deutschen Reiches sinnvoll, mit der gewaltsamen Deportation der Juden Ungarn diese Möglichkeit, das Bündnis mit Deutschland zu verlassen, zu verbauen.

Auslöser für den deutschen Einmarsch war indes nicht die Judenfrage, sondern der im Februar gefasste Beschluss des Horthy-Regimes, die eigenen Truppen aus der Ukraine zurückzuziehen. Daraufhin unterrichtete die deutsche Regierung den Reichsverweser von der bevorstehenden Okkupation seines Landes, so dass die Wehrmacht einen Monat später auf keinen Widerstand stieß, als sie Ungarn besetzte.

Damit stand der Deportation der dort lebenden Juden nichts mehr im Wege. Himmler richtete unverzüglich ein Sondereinsatzkommando zur »Endlösung der Judenfrage« in Budapest ein, die antijüdischen Gesetze wurden verschärft, die Berufsverbote ausgeweitet und eine weitgehende Enteignung der jüdischen Bevölkerung durchgeführt. Die Juden wurden zunächst in den größeren Städten in eilig errichteten Ghettos und Lagern konzentriert. Danach erfolgten die Deportationen nach Auschwitz-Birkenau, wo die übergroße Mehrzahl der Ankommenden unmittelbar nach Erreichen des Lagers vergast wurde. Die Zusammenarbeit mit den ungarischen Behörden verlief reibungslos, insbesondere die Enteignungen der Juden zugunsten der unteren sozialen Schichten sicherten den Maßnahmen der Besatzungsmacht die Zustimmung eines großen Teils der Bevölkerung. Zudem half die in den vergangenen Jahren gesammelte Erfahrung der deutschen Experten um Eichmann, dass die Deportationen in atemberaubendem Tempo durchgeführt werden konnten. Zwischen Anfang Mai und Anfang Juli rollten Tag für Tag vier Transporte mit je 3000 Juden nach Auschwitz. Im Juli lebten nur in Budapest noch Juden.

Bevor die Vernichtungswelle jedoch die ungarische Hauptstadt erreichte, verkündete Horthy unter starkem internationalen Druck am 6. Juli 1944 schließlich das Ende der Deportationen. Während Eichmann in der Folge weitere 2700 Juden selbständig deportierte, drängten die Besatzer Horthy zur Wiederaufnahme der Transporte. Der Admiral erklärte zunächst seine Bereitschaft, die Deportationen ab Ende August wieder anlaufen zu lassen, der Kriegsaustritt Rumäniens brachte ihn aber schon bald wieder von diesem Entschluss ab. Die Deutschen fügten sich, um die ungarische Kriegsbeteiligung nicht zu gefährden. Unter dem Eindruck des sowjetischen Vormarschs verkündete Horthy dennoch zwei Monate später, am 15. Oktober, den ungarischen Kriegsaustritt. Mit deutscher Unterstützung putschten daraufhin die faschistischen Pfeilkreuzler, die sich danach offen für die deutschen Forderungen hinsichtlich der Juden zeigten. Ihren antisemitischen Anhängern fielen viele Juden noch in Ungarn zum Opfer. Auf deutsches Geheiß wurden ab Ende Oktober Zehntausende Juden in Todesmärschen zur österreichischen Grenze getrieben, was viele von ihnen aufgrund der katastrophalen Bedingungen und der unvorstellbaren Grausamkeiten nicht überlebten. Wegen der immensen Todesraten befahl schließlich sogar der Führer der Pfeilkreuzler, Ministerpräsident Ferenc Szálasi, den Abbruch der Märsche. Bis zur Eroberung Budapests durch die Rote Armee im Februar 1945 wurden die restlichen Juden in ein Ghetto gesperrt, in dem viele wegen der miserablen Umstände den Tod fanden. Über 400000 Juden wurden Opfer der knapp elfmonatigen deutschen Besatzung.[7]

12 Das Ende des Vernichtungsprozesses

Nach der Befreiung der Konzentrationslager bot sich den alliierten Soldaten ein Bild des Grauens – wie hier im KZ Buchenwald.

Die Judenvernichtung verlief in gewisser Abhängigkeit von der deutschen außenpolitischen Situation: Solange die Reichsregierung glaubte, auf das Wohlwollen des Auslands angewiesen zu sein, legte sie sich Beschränkungen bei der Behandlung der Juden auf. Mit dem Schwinden dieser Abhängigkeit fielen auch die Restriktionen in der Judenpolitik. Grund für die steigende Unabhängigkeit waren indes nicht wirtschaftliche Autarkie oder militärische Stärke, sondern die radikalen Expansionspläne, die sich nur durch Krieg verwirklichen ließen. Mit dem Angriff auf die Sowjetunion im Sommer 1941 und dem knapp sechs Monate später erfolgenden Kriegseintritt der USA gab es weltweit kein bedeutendes Land, das die Deutschen durch ihre Judenpolitik noch gegen sich hätten aufbringen können. Auch wenn die Ausweitung des Krieges zum Weltkrieg wahrscheinlich nicht der Auslöser für den Übergang zur vollständigen Vernichtung aller europäischen Juden war, kommt ihr doch für die praktische Umsetzung der Vernichtungspolitik eine wichtige Bedeutung zu.

Wie in den beiden vorangegangenen Kapiteln dargelegt, verfolgten die Deutschen ihre Vernichtungspolitik nicht wahllos, sondern durchaus in Abhängigkeit von der militärischen Gesamtsituation. Aus diesem Grund verzichteten sie etwa darauf, auf ihre Verbündeten Italien, Rumänien oder Bulgarien übermäßigen Druck zur Auslieferung ihrer Juden auszuüben. Die militärische Bedeutung dieser Verbündeten war zu groß, als dass man wegen der »Judenfrage« ihr Ausscheiden aus dem eigenen Lager riskieren wollte.

Zu vergleichbaren Abwägungen etwa aus Rücksichtnahme auf die USA war die deutsche Seite seit dem 11. Dezember 1941 nicht mehr gezwungen. Spätestens seit diesem Zeitpunkt waren alle Brücken ins gegnerische Lager abgebrochen. Der Sieg konnte nur noch militärisch, nicht mehr auf diplomatischem Wege erreicht werden.

Das erklärt auch den weiteren Verlauf der Judenvernichtung, die sich unabhängig von den militärischen Erfolgen und Niederlagen an den verschiedenen Fronten vollzog. Militärtaktische Überlegungen hatten sehr wohl Einfluss auf den Vernichtungsprozess, wie etwa die wiederholte Unterbrechung der Deportationen beweisen, wenn sämtliche Züge für die Versorgung der kämpfenden Truppen benötigt wurden. Strategisch gab es dagegen keinen Grund, von der Umsetzung des mörderischen Gesamtplans abzurücken. Im Gegenteil: Aus Sicht der NS-Ideologen war die Vernichtung der Juden eine Voraussetzung für den »Endsieg«. Während das Deutsche Reich und seine Verbündeten an den militärischen Fronten im Kampf gegen das »Weltjudentum« in seiner ambivalenten Gestalt des sowjetischen Bolschewismus einerseits und der anglo-amerikanischen »Plutokratie« andererseits standen, bedeutete die Judenvernichtung die Bekämpfung des Feindes im Inneren. Hitlers Trauma vom Zusammenbruch

1918, das er mit zahlreichen Zeitgenossen teilte, war untrennbar verknüpft mit der Vorstellung vom »jüdischen Dolchstoß«. Das hatte er schon in »Mein Kampf« dokumentiert, etwa wenn er mit Blick auf den Kriegsausbruch 1914 schrieb: »Nun wäre aber der Zeitpunkt gekommen gewesen, gegen die ganze betrügerische Genossenschaft dieser jüdischen Volksvergifter vorzugehen. [...] Wenn an der Front die Besten fielen, dann konnte man zu Hause wenigstens das Ungeziefer vertilgen.«[1] Auch Himmler stellte in seiner Rede an die SS-Gruppenführer in Posen am 4. Oktober 1943 die Judenpolitik in den Zusammenhang der »Heimatfront«: »[...] denn wir wissen, wie schwer wir uns täten, wenn wir heute noch in jeder Stadt – bei den Bombenangriffen, bei den Lasten und bei den Entbehrungen des Krieges – noch die Juden als Geheimsaboteure, Agitatoren und Hetzer hätten. Wir würden wahrscheinlich jetzt in das Stadium des Jahres 1916/17 gekommen sein, wenn die Juden noch im deutschen Volkskörper säßen.«[2]

Dieser ideologische Zusammenhang erklärt, wieso die »Endlösung« bis zum vollständigen militärischen Zusammenbruch des »Tausendjährigen Reiches« fortgesetzt wurde. Die Nationalsozialisten hielten die Judenvernichtung für eine pure Notwendigkeit. Sie war vermeintlich richtig, aber – und das ist bezeichnend – nicht moralisch gut.

Selbst Himmler hob die Größe der SS hervor, der es gelungen sei, bei der Durchführung dieser »Notwendigkeit«, die er als »das Allerhärteste und Schwerste, was es gibt«[3], bezeichnete, trotzdem »anständig geblieben« zu sein.[4] Gut war also nicht die Tat, sondern die »anständige« Art, mit der sie ausgeführt worden war.[5]

Aus der Gewissheit, dass die »Endlösung« nicht moralisch gut war und dass ihre »Notwendigkeit« von vielen nicht verstanden würde, erwuchs die Erfordernis, sie geheim zu halten. Obwohl dies nicht gelang, hielten die Nationalsozialisten an ihren diesbezüglichen Bemühungen fest, auch als sie sich kriegsbedingt aus immer weiteren besetzten Gebieten zurückziehen mussten.

Die Beseitigung der Spuren: »Aktion 1005«

Kulmhof war das erste nationalsozialistische Vernichtungslager, das seinen Betrieb aufnahm. Die Leichen der dort Ermordeten wurden in riesigen Massengräbern verscharrt. Der Sommer 1942 zeigte die Unbrauchbarkeit dieses Verfahrens. Unter der Hitze der Sonnenstrahlen erwärmten sich die toten Körper und quollen auf, die Erde hob sich und aus den zahlreichen Öffnungen trat eine schwarze Schlacke aus und verseuchte das Grundwasser. Zusammen mit der Angst, die Massengräber könnten entdeckt und die Tat ruchbar werden (die Täter fürchteten nicht zuletzt, den nachfolgenden Generationen könnte der Zweck der Massenmorde nicht ersichtlich sein), sorgte dies für den Entschluss, die Gräber zu öffnen und die Leichen zu verbrennen. Mit dieser Aufgabe wurde Paul Blobel betraut, der das Sonderkommando 4a geführt und unter anderem das Massaker von Babij Jar' organisiert hatte. Seiner Ernennung war ein Briefwechsel zwischen Gestapo-Chef Müller und dem Unterstaatssekretär im Auswärtigen Amt, Martin Luther, vorangegangen. Die im Briefkopf Müllers auftauchende Nummer 1005 wurde als Deckname für die so genannte »Enterdung« verwendet: »Aktion 1005«. Das Vorhaben trug nicht nur einen Decknamen, sondern wurde als »Geheime Reichssache« eingestuft. Die Mitarbeiter der Kommandos mussten sich schriftlich zur Geheimhaltung verpflichten.

Zunächst öffneten die Männer von Blobels Kommando die Gräber im Vernichtungslager Kulmhof und errichteten Scheiterhaufen, auf denen die Leichen der Ermordeten verbrannt wurden. Anschließend wurden die unverbrannten Knochen mit einer speziellen Vorrichtung, der so genannten »Knochenmühle« zermalmt. Im Dezember 1942 stellte Bełżec die Vergasungen ein. Bis zum Frühjahr des folgenden Jahres exhumierte das »Kommando 1005« auch dort die Leichen aus den Massengräbern und verbrannte sie. Anschließend wurde das Lager abgerissen und alle Hinweise auf die dortigen Mordtaten verwischt. Die an diesen Arbeiten beteiligten jüdischen Häftlinge wurden danach in

Die Zahl der ermordeten Juden in den einzelnen Ländern

Sobibór ermordet. Auch das war Teil der Spurentilgung. Nachdem im Herbst 1943 in Treblinka und Sobibór die Gaskammern geschlossen worden waren, führten Blobels Leute dort ebenfalls ihren Auftrag aus. Ab diesem Zeitpunkt war nur noch Auschwitz-Birkenau als Vernichtungslager in Betrieb.

Die »Enterdung« beschränkte sich indes nicht auf die Vernichtungslager. Ab Juni 1943 wurde sie auf die Massengräber der großen Erschießungen in Polen und der Sowjetunion ausgeweitet. Im Juli kehrte Paul Blobel nach Babij Jar', dem Ort seines größten Verbrechens, zurück. Das gigantische Massengrab der Schlucht wurde mit Baggern geöffnet. Häftlinge aus einem nahe gelegenen Lager mussten die Leichen von dort auf die Scheiterhaufen schleppen. Diese waren auf Eisenbahnschienen errichtet. Zwischen mit Benzin getränkten Holzbalken wurden die toten Körper geschichtet und schließlich angezündet. Vier

Wochen loderten die Scheiterhaufen, bis sämtliche Leichen verbrannt waren. Die Asche mussten die Häftlinge sorgfältig sieben, um Silber und Gold zu finden, das bei der Durchsuchung vor der Erschießung übersehen worden war. Anschließend zertrümmerten sie die Knochen mit Grabsteinen des benachbarten jüdischen Friedhofs. Nach Abschluss der Aktion wurden sie erschossen.[6]

Nach ähnlichem Muster tilgten die Deutschen in weiten Teilen der besetzten Gebiete die Spuren ihrer Mordpolitik. Als die Rote Armee im Sommer 1944 mit hoher Geschwindigkeit nach Westen vorstieß, wurde auch das Lager Majdanek geräumt, das in erster Linie nicht als Vernichtungs-, sondern als Arbeitslager genutzt worden war. Zwar gelang es den Deutschen, sämtliche Lagerdokumente zu vernichten und einen Teil der Gebäude in Brand zu stecken, die Gaskammern und zahlreiche Baracken blieben jedoch weitgehend unbeschädigt. Damit war die Geheimhaltung gescheitert. In Auschwitz gingen die Vergasungen noch bis November 1944 weiter, bevor auch dort die Verwischung der Spuren begann.[7]

Die Todesmärsche

Der Abriss der Vernichtungsanlagen in den Lagern bedeutete jedoch nicht das Ende des Vernichtungsprozesses. Selbst nach der Befreiung von Auschwitz, dem letzten noch in Betrieb befindlichen Vernichtungslager, Ende Januar 1945, gingen die Ermordungen weiter. Das Vorgehen nach der Auflösung der Vernichtungslager lief im wesentlichen nach demselben Muster ab: Nicht mehr transportfähige Häftlinge wurden an Ort und Stelle ermordet, mancherorts traf dieses Schicksal auch solche Gefangenen, die von der jeweiligen Lagerleitung als besonders »gefährlich« eingestuft wurden. Die übrigen Lagerinsassen wurden zu Fuß oder mit Zügen in andere, noch bestehende Lager verschleppt. Bedingt durch den Vormarsch der Roten Armee wurden seit Ende 1943 und verstärkt ab 1944 Häftlinge auch in Konzentrationslager im »Altreich« transportiert. Zunehmend übernahmen diese bis dahin vor allem als Arbeitslager genutzten Einrichtungen auch die Ermordung der Ankommenden. Das Lager Ravensbrück errichtete hierfür eigens Gaskammern.

Durch die immer näher rückende Ostfront erreichten die Evakuierungen im Januar 1945 neue, ungeahnte Dimensionen. Sämtliche östlich der Oder liegenden Lager wurden geräumt. Nur für die wenigsten Häftlinge stand Transportraum in Zügen zur Verfügung. Wegen mangelnder Verpflegung – häufig wurden sie vollkommen ohne Nahrungsmittel in die Waggons gepfercht und waren tagelang unterwegs – und der schlechten hygienischen Bedingungen war die Todesrate unter den ohnehin durch lange Lagerhaft geschwächten Gefangenen hoch. Dennoch war ihre Überlebenschance höher als die der übrigen, die den Weg in die weiter westlich gelegenen Konzentrationslager zu Fuß antreten mussten. Allein aus Auschwitz traf dieses Schicksal mehr als 58 000 Menschen, die in der bitteren Januarkälte über 200 Kilometer weit zum Konzentrationslager Groß-Rosen, 60 Kilometer südwestlich von Breslau, getrieben wurden. Die Qualen, die ein solcher Gewaltmarsch für die zerlumpten und ausgezehrten Menschen ohnehin schon bedeutete, wurden durch ständige Schikanen der Bewacher noch gesteigert. Wer nicht mehr weitergehen konnte, den erschossen sie meist an Ort und Stelle. Diejenigen, die den Bestimmungsort dennoch erreichten, wurden anschließend mit Zügen weiter nach Westen verschleppt.

Nicht minder grausam war das Schicksal der Insassen des Lagers Stutthof in der Nähe von Danzig. Etwa 3 000 Frauen wurden direkt am Strand erschossen oder ins eiskalte Wasser getrieben. Die übrigen 17 000 wurden zu Fuß nach Westen, ein kleiner Teil nach Osten auf die Kurische Nehrung getrieben. Ihren Bestimmungsort erreichten nur 1 500 von ihnen. Damit waren ihre Qualen indes nicht beendet, denn auch im Altreich wurden die Lager evakuiert, meist jedoch erst im letzten Moment vor der Ankunft der Alliierten. Und bis zum letzten Moment ermordeten KZ-Aufseher, aber auch einheimische Hitler-Jungen und

Hass erfüllte Zivilisten Häftlinge auf ihren »Todesmärschen«. Es gab Fälle, in denen örtliche Größen der NSDAP eigenmächtig die Tötung sämtlicher Häftlinge in ihrem Herrschaftsbereich anordneten, wie etwa in Palmnicken in Ostpreußen oder Rechnitz in Österreich.

In den Lagern selbst war die Situation durch die Ankunft der Häftlinge aus dem Osten noch unerträglicher geworden, als sie ohnehin schon gewesen war. Um der vollkommenen Überfüllung Herr zu werden, wurde in aller Eile das Lager Bergen-Belsen bei Celle erweitert. Die nicht abreißende Flut neuer Gefangener machte aber auch dort die Lage unbeherrschbar. Nach der Ankunft von über 28 000 Häftlingen in der Zeit vom 4. bis zum 13. April brach die Lagerverwaltung zusammen. Das Führungspersonal hielt keine Appelle mehr ab, sondern überließ die Insassen sich selbst, vollkommen ohne Nahrung. Hunger und rasend um sich greifende Seuchen waren die Folge. Apokalyptische Szenen spielten sich ab, Leichen verwesten in den Baracken zwischen den Lebenden oder wurden von vor Hunger halb wahnsinnigen Häftlingen verzehrt. Ratten griffen noch lebende Menschen an.

Erst als am 5. Mai 1945, zwei Tage vor der deutschen Kapitulation, mit Mauthausen das letzte Konzentrationslager befreit worden war, hatte das Morden ein Ende. Für viele Insassen der Konzentrationslager kam indes jede Hilfe zu spät: Sie starben noch nach ihrer Befreiung an den Folgen ihrer Haft und der unmenschlichen Behandlung.

Neben dem Wunsch, die Existenz der Lager und die in ihnen herrschenden Bedingungen vor den Alliierten geheim zu halten, führte vor allem die Bedeutung der Arbeitskraft der Häftlinge zu ihrer Evakuierung. Statt sie direkt vor Ort zu ermorden, sollten sie noch als billige Sklavenarbeiter für das Deutsche Reich eingesetzt werden. Darüber hinaus verband Himmler offensichtlich eine weitere Hoffnung mit den überlebenden Häftlingen: Anders als Hitler, der auch im Moment der absoluten Aussichtslosigkeit seiner Lage nicht zum Aufgeben bereit war, hatte der »Reichsführer SS« sich offensichtlich bereits frühzeitig

Gedanken über sein Leben nach dem Krieg gemacht. In grotesker Selbstüberschätzung und Fehlwahrnehmung seiner eigenen Person wollte er mit den Westalliierten Verhandlungen führen. Hierfür schienen ihm die noch lebenden Juden ein geeignetes Faustpfand zu sein.

Tatsächlich gestattete Himmler mehreren tausend Häftlingen die Ausreise nach Schweden und in die Schweiz. So befahl er bei der Evakuierung des Konzentrationslagers Neuengamme die Freilassung sämtlicher dänischen und norwegischen Gefangenen und ihre Übergabe an das schwedische Rote Kreuz, wobei zwischen Juden und Nichtjuden kein Unterschied gemacht wurde. Damit stellte er seine verzweifelte und fehlgeleitete Hoffnung über die Ideologie. Indes sorgte sein Strategiewechsel nicht dafür, die Behandlung der noch inhaftierten Juden zu verbessern. Rund 200 000 von ihnen waren Anfang 1945 noch am Leben. Nicht einmal die Hälfte von ihnen erlebte das Kriegsende. Insgesamt kosteten die Todesmärsche und Lagerauflösungen des letzten Kriegsjahres zwischen 200 000 und 350 000 von 720 000 Menschen das Leben.[8]

13 Die Deutschen und der Holocaust

Die nationalsozialistische Propaganda griff antijüdische Stimmungen auf und bereitete den Weg zum Holocaust.

Die nur bedingt einer antisemitischen Rhetorik geschuldete »Machtergreifung« des glühenden Judenfeindes Adolf Hitler war eine notwendige, aber nicht hinreichende Bedingung für den Holocaust. Von Hitlers bereits 1919 geäußertem Wunsch nach »Entfernung der Juden überhaupt« zum millionenfachen Massenmord vergingen nicht nur über 20 Jahre. Der Weg dorthin war auch gepflastert mit zahlreichen fehlgeschlagenen Initiativen und gescheiterten Experimenten, bis Ende 1941 die physische Vernichtung der europäischen Juden schließlich als das gesuchte Mittel zur »Endlösung der Judenfrage« akzeptiert war. Diese Entwicklung wäre nicht möglich gewesen ohne zahlreiche überzeugte Nationalsozialisten, die ihre Kreativität und Arbeitskraft in den Dienst der »Endlösung« gestellt hatten. Ebenso hing die Umsetzung des Mordprogramms von der Mitarbeit zehntausender Deutscher ab, die als Polizisten, Soldaten, SS-Männer, KZ-Personal, Reichsbahnangestellte und vieles mehr die erhaltenen Befehle ausführten. Und schließlich war das grundsätzliche Stillhalten der unbeteiligten Bevölkerung die Voraussetzung für die weitgehend störungsfreie Durchführung des Genozids. Ein genauerer Blick auf die unterschiedlichen Gruppen gibt Aufschluss über die Motive ihres Handelns.

Vordenker und Täter

Treibende Kraft des Völkermords waren überzeugte Nationalsozialisten, deren fanatischer Antisemitismus zusammen mit ihrem Ehrgeiz, die Gunst Hitlers zu gewinnen, das Ferment für die Vernichtungsplanungen und deren Umsetzung bildeten. Sie besetzten beinahe jede wichtige Schaltstelle im mit der Judenvernichtung befassten Apparat. Auch in der zweiten und dritten Reihe gab es etliche ehrgeizige junge Männer, die der NS-Ideologie verbunden waren und denen die »Machtergreifung« einen deutlichen Karrieresprung beschert hatte. Vor allem im Reichssicherheitshauptamt saßen diese »Vordenker der Vernichtung«, die aus tiefster Überzeugung und ohne moralische Skrupel nach Möglichkeiten zur »Endlösung der Judenfrage« suchten.[1]

Eine weitere wichtige Rolle kam den Propagandisten mit Joseph Goebbels und dem Leiter der NSDAP-Parteikanzlei, Martin Bormann, zu. Die von Hass erfüllte Hetze gegen die Juden schuf das Klima, in dem die Vernichtungsphantasien gedeihen konnten, und lieferte die Begründung für die Entrechtung und Verfolgung der Juden. Sie leistete der sozialen Separierung der Juden von der übrigen Bevölkerung Vorschub und bot denjenigen, die später die Massenmorde ausführten, eine scheinbar rationale Begründung für ihr Tun.[2]

Zentrales Organ des Massenmordes war die SS. SS-Männer stellten die Wachmannschaften in den Konzentrations- und Vernichtungslagern, die Höheren SS- und Polizeiführer waren als

Stellvertreter Hitlers für die Umsetzung der Vernichtungspolitik in den besetzten Gebieten verantwortlich. Als Untergliederung der SS stellte der SD mit den Einsatzgruppen die mobilen Tötungseinheiten.[3] Dennoch blieb die SS auf die Unterstützung durch die Polizei angewiesen. Neben der Gestapo waren sowohl die ursprünglich nicht für politische Zwecke vorgesehene Ordnungspolizei als auch die Schutzpolizei und die Gendarmerie direkt am Massenmord beteiligt. Als Verstärkung des SD stellten sie das Personal für die Erschießungen und Ghettoräumungen im Osten, in Westeuropa und im Reich halfen sie beim Aufspüren und Zusammentreiben der Juden für die Deportationen.[4]

Weiterhin direkt am Massenmord beteiligt war die Wehrmacht, wenn auch bis heute in der Wissenschaft die Meinungen über das Ausmaß der Beteiligung auseinander gehen. Auf jeden Fall leisteten Wehrmachteinheiten logistische Unterstützung bei den Erschießungen im Osten, halfen beim Zusammentreiben der Juden und bei der Bewachung der Exekutionsstätten, in Ausnahmefällen auch bei den Morden selbst. In Serbien war die Wehrmacht nicht nur das ausführende Organ bei der Ermordung der jüdischen Männer, sondern auch die auslösende Instanz.

Als erste Institution der Besatzungsverwaltung, die in den besetzten Gebieten installiert wurde, nahmen die Orts- und Feldkommandanturen die Erfassung und Kennzeichnung der Juden, mitunter auch ihre Ghettoisierung, vor. Im Zuge der Partisanenbekämpfung suchten Soldaten nach geflohenen Juden und beteiligten sich auch an ihrer Tötung. Berüchtigt ist die 707. Infanteriedivision, die in Weißrussland innerhalb eines halben Jahres zwischen 10 000 und 20 000 Juden ermordete.[5] Allerdings scheint es sich dabei um eine Ausnahme gehandelt zu haben. Neben der direkten Mordbeteiligung kam den jeweiligen Besatzungsverwaltungen eine bedeutende Rolle bei der Judenvernichtung zu. Die Militärverwaltungen in der Sowjetunion sowie in Nordfrankreich und Belgien hatten ebenso entscheidenden Anteil an der Mordpolitik des NS-Regimes wie die Zivilverwaltungen in den übrigen Territorien. Sie besaßen großen Entscheidungsspielraum, den sie in vielen Fällen radikalisierend statt mäßigend bei der Judenverfolgung nutzten.

An allen Entscheidungsstellen von SS, Polizei und Zivilverwaltung saßen überzeugte Nationalsozialisten, die die Judenpolitik meistens aus innerer Überzeugung vorantrieben, zumindest aber keine Skrupel hatten, die erhaltenen Befehle auszuführen. Das gleiche lässt sich nicht ohne weiteres von den direkten Akteuren des Massenmordes sagen. Soldaten der Wehrmacht stellten einen Querschnitt der männlichen deutschen Bevölkerung im wehrfähigen Alter dar, und auch unter den Ordnungspolizisten waren NSDAP-Mitglieder nicht übermäßig vertreten. Dagegen kann bei den Mitgliedern von Gestapo, SD und Sicherheitspolizei von einer großen weltanschaulichen Nähe zum Nationalsozialismus ausgegangen werden.[6] Dennoch erfüllten alle Einheiten ihre Befehle, auch wenn diese in der Erschießung jüdischer Frauen und Kinder bestanden. Befehlsverweigerungen waren in derartigen Fällen äußerst selten, obwohl bis heute kein Fall bekannt geworden ist, in dem die Weigerung, an einer Exekution teilzunehmen, eine schwere Bestrafung nach sich gezogen hätte. Vielmehr scheinen der Gruppendruck, die Akzeptanz des Systems von Befehl und Gehorsam und eine langsame Gewöhnung an das blutige Handwerk entscheidend gewesen zu sein. Die antisemitische Ideologie des Nationalsozialismus bot die Möglichkeit, die Morde für »notwendig« zu erklären und die Opfer zu entmenschlichen. Auch bot der Krieg, der Gewalt alltäglich werden ließ, die Möglichkeit, die Massenerschießungen in den Kontext des Kampfes zu stellen, und unterstützte die Enthemmung der Brutalität. Dennoch blieb die psychische Belastung der Täter hoch, hoher Alkoholkonsum war eine dauerhafte Begleiterscheinung der Exekutionen. Das fabrikmäßige und arbeitsteilige Vorgehen in den Vernichtungslagern erleichterte das Mordhandwerk, weitete andererseits aber den Kreis der Tatunterstützer deutlich aus: Wachmannschaften und Reichsbahnangestellte, aber auch die Mitarbeiter der zivilen Betriebe, die

Zwangsarbeiter aus den Konzentrationslagern beschäftigten.[7] Insgesamt waren einige zehntausend Deutsche und Österreicher direkt, 200000 bis 250000 indirekt an den Massenmorden beteiligt. Hinzu kamen hunderttausende weitere Helfer aus den besetzten Gebieten, die erzwungenermaßen oder freiwillig die Besatzer unterstützten.[8]

Zuschauer

Die meisten Deutschen waren an den Verbrechen des NS-Regimes gegen die jüdische Bevölkerung zumindest nicht unmittelbar beteiligt. Eine andere Frage ist, ob sie davon gewusst haben und ob das etwaige Wissen mit einer Billigung einherging. In den Nachkriegsjahren bestritten die meisten Überlebenden des Krieges beides.[9] Sogar ehemalige NS-Größen wie Göring oder SD-Chef Kaltenbrunner täuschten Unwissenheit über die Massenvernichtung vor. In derartigen Fällen ist es problemlos möglich, die Absurdität dieser Behauptungen zu belegen. Deutlich schwerer fallen dagegen nachträgliche Aussagen darüber, welchen Kenntnisstand die Mehrheit der Bevölkerung hatte. Näherungsweise und mit der gebotenen Vorsicht sind sie dennoch möglich.

Die Entrechtung und Demütigung der Juden, die ab 1933 einsetzte, spielte sich vor aller Augen ab. Boykotte, Berufsverbote und tätliche Übergriffe fanden öffentlich statt, die Nürnberger Gesetze und andere diskriminierende Vorschriften wurden veröffentlicht. Auch der Novemberpogrom 1938 und die brennenden Synagogen waren unübersehbar. Begleitet wurden diese Maßnahmen von einer propagandistischen Hetze und medialer Berichterstattung. Das wichtigste antisemitische Hetzblatt, »Der Stürmer«, wurde nicht nur in hohen Auflagen gedruckt, sondern auch in öffentlichen Schaukästen einer breiten Leserschar zugänglich gemacht. Dagegen verlagerte sich die offene und massenhafte Gewalt gegen Juden mit Kriegsbeginn nach Osten. Die Morde an den polnischen und später vor allem den sowjetischen Juden blieben der direkten Beobachtung durch die deutsche Bevölkerung mehrheitlich entzogen. Das heißt jedoch nicht, dass keine Nachrichten davon nach Deutschland gedrungen wären. Die Erschießungen hinter der Front spielten sich nicht nur vor den Augen der einheimischen Bevölkerung, sondern auch vor denen der deutschen Soldaten, Polizisten und der im Besatzungsapparat tätigen Zivilisten ab. Die Zahl der direkten Zeugen dürfte in die Zehntausende gehen. Auf Urlaubsfahrten von der Front nach Hause und zurück durchquerte auch die übergroße Mehrheit der Wehrmachtangehörigen, die nicht im Hinterland, sondern an der Front eingesetzt waren, die Schauplätze der Judenvernichtung. Auf solchen Fahrten sowie während Lazarett- und Erholungsaufenthalten hinter der Front erfuhren viele von ihnen in Gesprächen mit Augenzeugen von den Massakern.

Selbst Monate oder gar Jahre später wurde den Soldaten noch von Massakern berichtet. Nach und nach dürften so die meisten Wehrmachtangehörigen Kenntnis von den Erschießungen erhalten haben.[10] Und sie berichteten zu Hause davon. Zwar finden sich in Feldpostbriefen nur selten Hinweise auf die Verbrechen, das scheint jedoch eher der – berechtigten – Angst vor der Briefkontrolle und daraus erwachsenden negativen Folgen geschuldet gewesen zu sein.[11] Während des Fronturlaubs zu Hause scheinen die Männer dagegen ihren Familien berichtet zu haben. Zahllose Berichte deuten darauf hin, dass die Kenntnis von den Massenerschießungen im Osten weit verbreitet war.[12]

Deutlich schwieriger war es dagegen, von den Vernichtungslagern in Polen und vom Schicksal der deutschen Juden zu erfahren. Die Deportationen selbst waren nicht zu übersehen. Teilweise wurden sie am helllichten Tag durchgeführt, teilweise auch nachts oder am frühen Morgen. Aber selbst wer nicht Zeuge des Abtransports wurde, dem konnte das Fehlen ehemaliger jüdischer Nachbarn und Bekannter, die leer stehenden Wohnungen sowie die darauf folgende Versteigerung jüdischen Eigentums nicht entgehen. Die Berichte über die Deportationen verbreiteten sich schnell und flächendeckend. Selbst in ländlichen Gegenden, in denen kaum oder gar keine Juden wohnten, war das Wissen über ihre Verschleppung bald Allgemeingut.[13]

Was aber wusste die Bevölkerung über das weitere Schicksal der Deportierten? Der Massenmord wurde als »Geheime Reichssache« behandelt, die meisten Befehle wurden mündlich weitergegeben, schriftliche Zeugnisse meistens umgehend vernichtet. Die Weitergabe von Kenntnissen über die Judenvernichtung stand unter strenger Strafe. Dennoch musste der aufmerksame Beobachter relativ schnell zumindest eine Ahnung vom Massenmord im Osten bekommen haben. Hitlers »Prophezeiung« vom 30. Januar 1939, ein erneuter Weltkrieg würde die »Vernichtung der jüdischen Rasse in Europa« mit sich bringen, war nicht nur via Volksempfänger in Millionen deutsche Haushalte übertragen, sondern auch landesweit von der Presse aufgegriffen worden. Nach Beginn der Deportationen griff die NS-Propaganda diese Phrase wiederholt auf und erklärte, sie habe sich erfüllt. In der Zeitung »Das Reich« schrieb Goebbels am 8. Mai 1943: »Kein prophetisches Wort des Führers bewahrheitet sich mit so unheimlicher Sicherheit und Zwangsläufigkeit wie das, wenn das Judentum es fertig bringen werde, einen zweiten Weltkrieg zu provozieren, dieser nicht die [sic!] Vernichtung der arischen Menschen, sondern zur Auslöschung der jüdischen Rasse führen werde. [...] Als sie [die Juden] gegen das deutsche Volk den Plan der totalen Vernichtung fassten [1939], unterschrieben sie damit ihr eigenes Todesurteil.«[14] Andere Medien stimmten ein. Die Wehrmachtzeitung »Die Front« erklärte bereits im Januar 1942: »Am Ende dieses Krieges wird die Ausrottung des Judentums stehen.«[15]

Insgesamt aber verfolgten Propaganda und Presse im ersten Jahr nach Beginn der Deportationen eine Doppelstrategie: Das weitere Schicksal der Juden wurde stillschweigend übergangen, während gleichzeitig durch eine immer stärkere Hetze um die Akzeptanz der Bevölkerung für die Judenverfolgung geworben wurde. Ab 1943 mehrten sich dagegen die mehr oder minder versteckten Andeutungen und Hinweise auf den Massenmord. Offen ausgesprochen wurde das Schicksal der Juden jedoch auch weiterhin nicht. Die Andeutungen hätten zusammen mit den Nachrichten von den Erschießungen hinter der Front und dem weit verbreiteten Wissen von den Behindertenmorden im Reich jedoch ausreichen müssen, um das Misstrauen zu wecken. Mit den deutschsprachigen Sendern der Alliierten, vor allem der BBC, sowie den von ihnen in Deutschland verbreiteten Flugblättern existierten Informationskanäle, um aus dem Misstrauen Gewissheit werden zu lassen. Allerdings war die Nutzung dieser Kanäle mit einem nicht geringen Risiko verbunden, denn auf das Hören von »Feindsendern« standen empfindliche Sanktionen bis hin zur Todesstrafe. Aufmerksamen Beobachtern war es jedoch durchaus möglich, sich über den Massenmord zu informieren. Der in Dresden wohnende jüdische Romanist Viktor Klemperer etwa notierte schon am 16. März 1942: »Als furchtbarstes KZ hörte ich in diesen Tagen Auschwitz (oder so ähnlich) bei Königshütte in Oberschlesien nennen. Bergwerksarbeit, Tod nach wenigen Tagen.«[16] Und der Vater des später bekannten Journalisten Joachim Fest hatte spätestens 1943 Gewissheit über die Massenmorde.[17]

Sowohl Fest als auch Klemperer waren mit Sicherheit überdurchschnittlich interessiert und dürften deshalb kaum repräsentativ für die Gesamtbevölkerung gewesen sein. Beide standen jedoch – wenn auch in ganz unterschiedlicher Weise – am Rande der Gesellschaft und hatten keine Posten inne, die ihnen einen privilegierten Zugang zu Informationen verschafft hätte. Ihre Beispiele zeigen, was man mit einer gewissen Anstrengung hätte wissen *können*. Wie viel die Bevölkerung tatsächlich *wusste*, ist eine andere Frage, die sich nur schwer beantworten lässt.

Die NS-Stimmungsberichte und anonyme, an verschiedene staatliche Stellen gerichtete Schreiben bieten zumindest Ansatzpunkte für die Beurteilung dieser Fragen. Bereits seit Ende 1941 finden sich Äußerungen darüber, dass nicht nur jüdische Männer, sondern auch Frauen und Kinder umgebracht würden. 1942 häuften sich die Hinweise auf Vernichtungslager im Osten, und ab 1943 waren immer mehr Deutsche davon überzeugt, dass die Nationalsozialisten tatsächlich sämtliche Juden Europas ausrotten wollten und auf diesem Weg schon weit vorangeschritten seien. Auch über die Methoden der Massenvernichtung gab es Spekulationen. Dabei wurde die massenhafte Vergasung immer häufiger erwähnt, aber zahlreiche Berichte über die angebliche Tötung von Juden mittels elektrischem Strom oder ihrer Verbrennung bei lebendigem Leibe belegen, dass die Kenntnis über den genauen Ablauf der Vernichtung weitgehend im Dunkeln blieb. Dennoch war spätestens 1943 das Wissen weit verbreitet, dass die nach Osten deportierten Juden ausnahmslos ermordet wurden. Ob die Mehrheit der Deutschen über den unterschiedslosen Massenmord informiert war oder nur eine zahlenmäßig große Minderheit, lässt sich rückblickend nicht mehr mit Sicherheit sagen.[18] Auf jeden Fall aber war der Versuch der Nationalsozialisten gescheitert, den Holocaust geheim zu halten.

Wenn die Kenntnis über die Judenvernichtung offensichtlich weiter verbreitet war, als nachträglich behauptet, folgt daraus noch keine Aussage über die Einstellung der Bevölkerung zu der Vernichtungspolitik. Konkret quantifizierbare Urteile lassen sich auch hierüber nicht fällen, vorsichtige Annäherungen sind dennoch möglich. Die erste offen antisemitische Maßnahme größeren Ausmaßes stellte der Boykott jüdischer Geschäfte am 1. April 1933 dar. Die Bevölkerung reagierte unterschiedlich darauf: Viele Einkäufer ließen sich von den SA-Männern, die mit Warnhinweisen vor den Geschäften standen, abschrecken, aber längst nicht alle. Insbesondere in den größeren Städten, die anders als Dörfer und Kleinstädte eine gewisse Anonymität boten, war der Maßnahme insgesamt kein großer Erfolg beschieden, was einer der Gründe für ihren baldigen Abbruch war. Trotz des anhaltenden Drucks gelang es auch in den folgenden Jahren nicht, die nichtjüdische Bevölkerung von Geschäftsbeziehungen mit jüdischen Händlern und Ladenbesitzern vollständig abzubringen. Ob die Gründe hierfür in einer Sympathie mit den unterdrückten jüdischen Mitbürgern oder nicht vielmehr in den günstigen Angeboten zu suchen sind, zu denen sie unter dem Druck der politischen Verhältnisse gezwungen waren, muss dahingestellt bleiben. Klar erkennbar ist jedenfalls, dass die Bevölkerung nicht ohne weiteres dem Willen des politischen Systems folgte und jüdische Betriebe boykottierte. Erneut sichtbar wurde das auch bei dem am 9. November 1938 angestrengten Versuch der NS-Führung, den »Volkszorn« gegen die in Deutschland lebenden Juden heraufzubeschwören und in Gewalt gegen sie umzumünzen. Die Mehrheit der Deutschen beteiligte sich nicht an den gewaltsamen Ausschreitungen, und Goebbels erkannte, dass man einen anderen Kurs einschlagen müsse.[19] Offene Gegenwehr war allerdings auch nicht zu verzeichnen. Angesichts des diktatorischen Charakters des NS-Regimes kann das zwar kaum erstaunen, wirft aber dennoch die Frage auf, ob sich die meisten Deutschen nicht eher von den rüden Methoden der Judenverfolgung als von deren Zielen abgestoßen fühlte. Der sozialdemokratische Untergrund berichtete an die Exil-SPD in Prag von anhaltender Unzufriedenheit der Mehrheitsbevölkerung auch mit den juristischen Maßnahmen zur Entrechtung und Isolierung der Juden. Gleichwohl ist nicht ausgeschlossen, dass dieser Blick durch Wunschdenken beeinflusst war. Immerhin gab es zahlreiche Profiteure der judenfeindlichen Politik: Einzelhändler verloren unliebsame Konkurrenten, ähnliches galt für Studenten und Wissenschaftler, die Arisierung jüdischen Besitzes stellte eine gute Gelegenheit dar, preiswert an Wertgegenstände und Wirtschaftsunternehmen zu kommen. Auch die Versteigerung des Besitzes, den emigrierte Juden zurücklassen mussten, bot die Möglichkeit persönlicher Bereicherung. Von dieser Möglichkeit machte rund ein Drittel der Bevölkerung keinen Gebrauch – und brachte so auch seine Ablehnung zum Ausdruck. Rund zwei Drittel aber beteiligten sich an den Auktionen.[20] Ob daraus bloßes Zweckdenken oder eine Zustimmung zur Judenpolitik des Regimes sprach, ist schwer zu sagen. Es ist jedoch nicht unwahrscheinlich, dass die ständige propagandistische Wiederholung antijüdischer Stereotype und Beschuldigungen ihre Wirkung nicht verfehlten. Mit der wachsenden Beliebtheit des nationalsozialistischen Systems mag auch die Akzeptanz seiner judenfeindlichen Politik zugenommen haben.

Die Akzeptanz reichte jedoch offensichtlich nicht bis zur Unterstützung des Massenmordes. Auf jeden Fall häuften sich mit Beginn der Deportationen aus dem Reichsgebiet die Klagen und Anzeichen von Unzufriedenheit. Wiederholt wetterte Hitler gegen die »Spießbürger«, die Mitleid mit den Juden zeigten und kein Verständnis für die Notwendigkeit ihres Abtransports hätten: »Wenn ich heute den Juden herausnehme, dann wird unser Bürgertum unglücklich: Was geschieht denn mit ihm?«[21] Auch andere Dienststellen beklagten die mangelnde »Einsicht« der Bevölkerung in die »Notwendigkeit« der Vernichtungspolitik.[22] Zwar gab es auch Äußerungen der Zustimmung, generell aber scheint es, dass die Nationalsozialisten zu keinem Zeitpunkt die Mehrheit der Bevölkerung hinter ihrer Vernichtungspolitik haben versammeln können. Ab 1943 griffen sie verstärkt zu einem anderen Mittel: Angesichts der immer wahrscheinlicher werdenden militärischen Niederlage beschwor die Propaganda nun die »jüdische Rache« für die Zeit nach dem Krieg und forderte die Deutschen zu entschlossenem Durchhalten auf. Tatsächlich scheint in der Bevölkerung die Angst vor Vergeltung weit verbreitet gewesen zu sein. Auch die immer häufiger werdenden Luftangriffe galten vielen als Strafe für die verübten Verbrechen, die demzufolge bekannter waren, als viele nach Kriegsende zugeben wollten. Ob es tatsächlich diese Furcht war, die die Deutschen bis zum Schluss kämpfen ließ, kann hier nicht geklärt werden. Immerhin aber hielten Front und Hinterland bis Mai 1945, als die Reichshauptstadt von der Roten Armee erobert worden war und das ehemalige Großdeutsche Reich aufgehört hatte zu existieren.

Obwohl das Wissen über die Verbrechen des Systems und insbesondere die Judenvernichtung nicht auf wenige beschränkt war, wagte kaum jemand dagegen aufzubegehren. Zwar gab es Proteste wie die des Berliner Dompropstes Bernhard Lichtenberg, der öffentlich für die Juden betete, oder des Elberfelder Vikars Helmut Hesse, dies blieben aber Einzelstimmen zwischen Millionen Schweigenden. Das ist sicherlich nicht pauschal als Zeichen der Zustimmung zu sehen, wie die oben stehenden Überlegungen gezeigt haben. Nicht zu Unrecht fürchteten auch viele überzeugte Gegner des Massenmords zu sehr um ihre eigene Freiheit und ihr eigenes Leben, als dass sie offen Kritik geäußert hätten. Entschieden griff das Regime gegen die wenigen Kritiker durch: Lichtenberg etwa wurde im Oktober 1941 verhaftet und kam wenig später in der Haft elendig um, nachdem ihm lebensnotwendige Medikamente verweigert worden waren. Auffällig ist allerdings, dass sich gegen die Deportation und Ermordung der Juden noch deutlich weniger Widerspruch regte als gegen die »Euthanasie«. Offensichtlich hatten die Nationalsozialisten Erfolg gehabt mit ihrem Bemühen, die Juden von der übrigen deutschen Gesellschaft zu separieren. Der schon vor 1933 virulente Antisemitismus hat dabei sicherlich geholfen, wenn sich seine konkrete Bedeutung auch nur schwer einschätzen lässt.[23]

Die Mehrheit der Deutschen war jedenfalls nicht bereit, ihr Leben für das Leben der Juden aufs Spiel zu setzen. Viele versuchten stattdessen das Schicksal der Verfolgten zu verdrängen, ohne es gutzuheißen. Diese Apathie war ausreichend, damit die Mordpolitik ungestört fortgesetzt werden konnte. Der fanatische Wille einer Minderheit von weltanschaulichen Überzeugungstätern, das hierarchische Prinzip von Befehl und Gehorsam sowie die Nichteinmischung der schweigenden Mehrheit ermöglichten die reibungslose Durchführung des größten Massenmords in der europäischen Geschichte.

14 Der Holocaust im Kontext der nationalsozialistischen Vernichtungspolitik

Auch »Zigeuner« wurden Opfer der nationalsozialistischen Vernichtungspolitik. Hier ein Abtransport durch die österreichische Polizei im Herbst 1938.

Die ermordeten Juden Europas waren bei weitem nicht die einzigen Todesopfer des Nationalsozialismus, nehmen aber eine Sonderrolle ein. Dies erklärt sich nicht ausschließlich, aber auch aus ihrer unvorstellbar hohen Zahl: Zwischen fünf und sechs Millionen Juden wurden von den Deutschen und ihren Helfershelfern erschossen, vergast und gehängt oder starben unter den katastrophalen Bedingungen in Ghettos und Lagern an Krankheiten, Hunger oder Entkräftung. Obwohl die Vernichtungspolitik untrennbar mit dem Krieg, vor allem dem gegen die Sowjetunion verbunden war, handelte es sich bei den ermordeten Juden nicht um Kriegsopfer im eigentlichen Sinne dieses Wortes. Das unterscheidet sie von den Millionen gefallenen Soldaten und im Zuge von Kampfmaßnahmen getöteten Zivilisten. Das unterscheidet sie aber auch von der nach den Juden zahlenmäßig größten Opfergruppe deutscher Verbrechen, den sowjetischen Kriegsgefangenen.

In den ersten Wochen und Monaten des »Unternehmens Barbarossa« gerieten über drei Millionen Rotarmisten in deutsche Gefangenschaft. Obwohl die deutsche Armeeführung mit hohen Gefangenenzahlen gerechnet hatte, waren keinerlei Vorkehrungen für deren Verpflegung getroffen worden. Als sich spätestens ab September 1941 abzeichnete, dass der Feldzug kein »Blitzkrieg« geworden war, sondern sich über längere Zeit hinziehen würde, wurden die Rationen der Gefangenen weiter reduziert, um die im Land vorhandenen Nahrungsmittel vollständig für die Wehrmacht einsetzen zu können, wie man dies schon im Frühjahr während der Kriegsvorbereitungen beschlossen hatte. Was das für die Gefangenen bedeutete, war den Verantwortlichen vollkommen klar. Die Masse der Kriegsgefangenen, erklärte der Generalquartiermeister Eduard Wagner, habe »zu verhungern.«[1] Obwohl nicht alle Befehlshaber diese Strategie für richtig hielten, wurde sie umgesetzt, mit fatalen Folgen für die betroffenen Rotarmisten: Bis zum 1. Februar 1942 kamen annähernd 60 Prozent von ihnen um. Anders als die Juden wurden die sowjetischen Kriegsgefangenen nicht Opfer eines Massenmords, sondern eines Massensterbens. Nicht der Wille, sie umzubringen, sondern ein prinzipienloses Zweckdenken der Wehrmacht, die bereit war, für den Sieg über die Sowjetunion Millionen von Menschen zu opfern, war der Grund für diese Tragödie. Freilich folgte auch dieses Zweckdenken der ideologischen Überzeugung, mit dem slawischen »Untermenschen« anders umgehen zu können als mit anderen Kriegsgegnern. Vom Vorrang des rassischen Überlegenheitsgefühls vor der politischen Abneigung gegen den Kommunismus zeugt auch der Umstand, dass nichtrussische Rotarmisten wie Balten, Weißrussen und Ukrainer bereits im Herbst 1941 in großer Zahl aus der Kriegsgefangenschaft entlassen wurden, Russen jedoch nicht.[2]
Gänzlich unvergleichbar mit dem Schicksal der Juden war auch der Leidensweg bestimmter Bevölkerungsgruppen, die nach

der »Machtergreifung« staatlicher Verfolgung ausgesetzt waren, wie etwa politische Gegner, Zeugen Jehovas oder Homosexuelle. Zwar wurden viele von ihnen in Konzentrationslagern unter unmenschlichen Bedingungen gefangen gehalten, gefoltert und misshandelt. Auch überlebten viele von ihnen diese Torturen nicht oder wurden umgebracht. Aber sie wurden nicht Opfer eines dezidierten Vernichtungsprogramms, und das Ziel ihrer Verfolgung war in erster Linie ihre Ausschaltung als »störende« Faktoren. Homosexuelle, die nicht sexuell aktiv waren, Zeugen Jehovas, die den Kontakt zu ihrer Gemeinde abbrachen, und Sozialdemokraten und Kommunisten, die sich nicht mehr politisch betätigten, wurden zumeist nicht weiter verfolgt. Dagegen gab es für die Juden keine Rettung, sie wurden ermordet für das, was sie waren, nicht für das, was sie taten.[3]

Zumindest in diesem Punkt ähnelte die Behandlung der Juden der von Behinderten, die ebenfalls unabhängig von ihrem Verhalten lediglich aufgrund ihrer Behinderung ins Visier der Nationalsozialisten gerieten. Und wie im Fall der Juden wurden auch die Behinderten Opfer eines planmäßigen Mordprogramms. Dennoch zeigen sich bei näherer Betrachtung deutliche Unterschiede. In den ersten Jahren beschränkten sich die Nationalsozialisten in ihrer Bekämpfung der »Erbkranken« auf umfangreiche Zwangssterilisationen, bevor sie ab 1938 zu gezielten Tötungen übergingen. Getötet wurden zunächst geistig und körperlich behinderte Kinder, wobei die Altersgrenze sukzessive von drei bis auf 17 Jahren angehoben wurde. 5 000 bis 8 000 Kinder und Jugendliche wurden auf diese Weise bis Kriegsende ermordet. Die Tötung Erwachsener begann unmittelbar nach dem Sieg über Polen. Dort und in Pommern ermordeten Erschießungskommandos rund 10 000 Insassen von Heilanstalten, am 1. Oktober 1939 dehnte Hitler die Vernichtung auf entsprechende Einrichtungen im gesamten Deutschen Reich aus. Offiziell wurden diese als T4-Programm bezeichneten Morde im September 1941 eingestellt, mehr als 61 000 Menschenleben hatte die Aktion bis zu diesem Zeitpunkt gekostet. Inoffiziell aber wurden die Tötungen dezentral fortgesetzt. Ab 1943 führten der Luftkrieg und der mit ihm einhergehende gesteigerte Bedarf für Krankenhausplätze zu einer weiteren Ausweitung der Morde auf Kranke und Pflegebedürftige. Zudem wurden seit Herbst 1941 rund 20000 Häftlinge aus Konzentrationslagern unter eugenischen Gesichtspunkten selektiert und ermordet. Auch in den besetzten Gebieten der Sowjetunion führten die nationalsozialistischen Vorgaben zur Ermordung von Behinderten und Kranken. Allerdings – und das ist ein wichtiger Unterschied zur Judenvernichtung – war das Vorgehen von Ort zu Ort sehr uneinheitlich. Eine zentrale, allgemeingültige Befehlsgebung scheint es nicht gegeben zu haben. Der *systematische* Krankenmord beschränkte sich auf das Territorium des Deutschen Reiches. Dennoch wird die Gesamtzahl der Euthanasie-Opfer auf insgesamt 275000 geschätzt. Ein weiterer Unterschied zur Behandlung der Juden bestand in der deutlich stärkeren Betonung zweckrationaler, statt ideologischer Argumente. Behinderte wurden von der NS-Propaganda als »unnütze Esser« diffamiert, deren »Ausmerzung« dem Interesse der Gesunden diene. Mitunter wurde sogar auf die Leiden der »unheilbar Kranken« verwiesen. Trotz aller Verachtung, die ihnen die Nationalsozialisten entgegenbrachten, galten die Behinderten anders als die Juden nicht als gefährliche Feinde des deutschen Volkes. Deren Vernichtung blieb deshalb immer vorrangig.[4]

Am ehesten lässt sich die Verfolgung und Vernichtung der so genannten »Zigeuner« mit der der Juden vergleichen. Wie der Antisemitismus fußte auch der Antiziganismus der Nationalsozialisten auf einer langen Tradition. In weiten Teilen Europas galten »Zigeuner« als notorisch »arbeitsscheu«, ja kriminell. In diesem Sinne wurden ab 1938 mehr als zweitausend als »asozial« definierte »Zigeuner« aus Deutschland und Österreich in Konzentrationslager eingewiesen. Für die Definition als »asozial« reichte es bereits aus, einer selbständigen Tätigkeit nachzugehen. Den deutschen Behörden galt dies als sicheres Indiz dafür, dass der Betreffende keiner »festen Tätigkeit« nachging und sich stattdessen herumtrieb. Bis zu diesem Zeitpunkt unterschied sich die Verfolgung von »Zigeunern« nicht von der anderer als »asozial« gebrandmarkter Außenseiter. Als Himmler Ende 1938 den Erlass über die »Bekämpfung der Zigeunerplage« unterschrieb, änderte sich dies jedoch. Von nun an wurden »Zigeuner« verfolgt, weil sie »Zigeuner« waren – und nicht mehr wegen ihres Verhaltens.[5] Aus dieser Perspektive war es nur folgerichtig, nach dem deutschen Sieg über Polen nicht nur Juden, sondern auch »Zigeuner« in die neu eroberten Gebiete zu deportieren, um das Reichsgebiet von ihnen »frei zu machen«. Genau wie die Deportation der Juden scheiterte jedoch auch die der »Zigeuner« an fehlenden Transport- und Aufnahmekapazitäten. Immerhin 2800 wurden jedoch in das Generalgouvernement verschleppt.

Eine weitere Radikalisierung für die »Zigeunerverfolgung« bedeutete der Krieg gegen die Sowjetunion. Neben Juden und Kommunisten fielen auch »Zigeuner« den Einsatzkommandos zum Opfer. Und auch in Serbien wählte die Wehrmacht als Geiseln neben Juden bevorzugt Angehörige der dort lebenden Roma aus. Etwa zur gleichen Zeit wurden die ersten »Zigeuner« in die im Herbst 1941 einsetzenden Deportationen von Juden »nach dem Osten« einbezogen: Etwa 5000 »Zigeuner« aus dem Burgenland deportierten die Deutschen ins Ghetto Lodz, wo die meisten von ihnen den dort grassierenden Seuchen erlagen. Die übrigen wurden bald darauf im Vernichtungslager Kulmhof vergast. Die systematische Deportation von »Zigeunern« setzte jedoch erst ein Jahr später, ab Dezember 1942, auf ausdrücklichen Befehl Himmlers ein. Bis zum Ende des Krieges wurden über 20000 aus Deutschland, Österreich, dem Protektorat, Belgien, den Niederlanden und Nordfrankreich nach Auschwitz-Birkenau deportiert und ermordet. Weitere 2500 »Zigeuner« wurden zwangssterilisiert. Bei ihnen handelte es sich um »sozial angepasste Mischlinge«, während »reinrassige Zigeuner« von der Verfolgung verschont blieben.

Trotz der willkürlichen Einteilung dieser Kategorien zeigt sich hierin bereits ein deutlicher Unterschied zwischen der

»Zigeuner«- und der Judenverfolgung: Anders als die Juden, die den Nationalsozialisten per se als gefährlich galten, fürchteten sie von den »Zigeunern« vor allem die Schwächung der »Volksgemeinschaft«. Entsprechend der NS-Rassentheorie bestand die Gefahr einer solchen Schwächung im Falle einer Vermischung des Blutes von »Zigeunern« und Deutschen. Anders als bei den Juden, galten unter den »Zigeunern« deswegen gerade die »Mischlinge« als besonders gefährlich.

Aber auch in anderen Aspekten unterschied sich der »Porrajmos« – mit diesem Begriff bezeichnen die Roma die Ermordung der »Zigeuner« im Dritten Reich – wesentlich vom Holocaust. Während etwa in Serbien die männlichen »Zigeuner« zusammen mit den jüdischen Männern im Herbst 1941 als Geiseln erschossen wurden, ließen die Deutschen ihre inhaftierten Frauen und Kinder im Frühjahr des kommenden Jahres frei, während die jüdischen Frauen und Kinder ermordet wurden. Ebenso wurden sesshafte »Zigeuner« in Serbien und der Sowjetunion von der Ermordung ausgenommen. Die Einsatzgruppen in der Sowjetunion erschossen die »Zigeuner«, die ihnen von der Bevölkerung ausgeliefert wurden, zwar genauso wie die Juden, aber sie verwendeten keine besondere Mühe darauf, sie zu finden. Die Tatsache, dass keine »Zigeuner« aus den mit Deutschland verbündeten Gebieten deportiert wurden, deutet auf das Fehlen entsprechender diplomatischer Bemühungen hin. Dagegen waren die Anstrengungen des Auswärtigen Amtes zur Auslieferung der in diesen Ländern wohnenden Juden beträchtlich.[6]

In dem von den Nationalsozialisten angestrebten »Neuen Europa« wäre höchstwahrscheinlich für »Zigeuner« kein Platz gewesen. Nach dem »Endsieg« hätte man wohl auch diejenigen ermordet, die den Porrajmos überlebt hatten. Die gigantischen Neuordnungs- und Siedlungsvorhaben, die in den unterschiedlichen Entwürfen des Generalplans Ost niedergelegt worden sind, deuten darauf hin, dass die Nationalsozialisten dann auch zur systematischen Ermordung und Deportation der slawischen Bevölkerung geschritten wären. Die Niederlage und der Zusammenbruch des Deutschen Reiches verhinderten die Umsetzung dieser Pläne. Für die Mehrzahl der Juden indes kam jede Hilfe zu spät. Sie standen im Zentrum von Hitlers kruder Ideologie, sie galten ihm als die Hauptfeinde, ja als das Urübel der Welt. Deshalb erschien ihm ihre Vernichtung das vordringlichste Ziel zu sein, an dem er auch dann noch festhielt, als alle anderen Ziele gescheitert waren. Noch in seinem Testament schmähte er die Juden als Anstifter des Zweiten Weltkrieges und rühmte seine »Erfolge« bei ihrer Vernichtung: »Es ist unwahr, dass ich oder irgendjemand anderer in Deutschland den Krieg im Jahr 1939 gewollt habe. Er wurde gewollt und angestiftet ausschließlich von jenen internationalen Staatsmännern, die entweder jüdischer Herkunft waren oder für jüdische Interessen arbeiteten. [...] Ich habe aber auch keinen Zweifel darüber [sic!] gelassen, dass, wenn die Völker Europas wieder nur als Aktienpakete dieser internationalen Geld- und Finanzverschwörer angesehen werden, dann auch jenes Volk mit zur Verantwortung gezogen werden wird, das der eigentliche Schuldige an diesem mörderischen Ringen ist: das Judentum! Ich habe weiter keinen darüber im unklaren gelassen, dass diesmal nicht nur Millionen erwachsener Männer den Tod erleiden und nicht nur Hunderttausende an Frauen und Kinder in den Städten verbrannt und zu Tode bombardiert werden dürften, ohne dass der eigentliche Schuldige, wenn auch durch humanere Mittel, seine Schuld zu büßen hat.«[7]

Das Testament schloss mit der Aufforderung: »Vor allem verpflichte ich die Führung der Nation und die Gefolgschaft zur peinlichen Einhaltung der Rassengesetze und zum unbarmherzigen Widerstand gegen den Weltvergifter aller Völker, das internationale Judentum.«[8] Noch einmal unterstrich Hitler damit die singuläre Bedeutung, die den Juden in seiner Weltanschauung zukam. In dem auf seinen »Führer« zentrierten »Dritten Reich« folgte daraus ihre unbedingte Vernichtung. Das unterscheidet die Judenverfolgung von allen anderen Gewaltverbrechen des Nationalsozialismus.

15 Anhang

Anmerkungen

Einleitung (S. 8–10)

1 Für die Perspektive der Opfer sei stellvertretend auf die Gesamtdarstellungen von Yahil, Shoah, und Friedländer, Das Dritte Reich und die Juden, verwiesen.

Judenfeindschaft und Antisemitismus in der deutschen Geschichte (S. 11–26)

1 Frantiček Graus, Judenfeindschaft im Mittelalter, in: Benz/Bergmann, Vorurteil, S. 35–60; Helmut Berding, Moderner Antisemitismus in Deutschland. Frankfurt a.M. 1988.
2 Langmuir, Anti-Judaism; Reinhard Rürup, Judenemanzipation und bürgerliche Gesellschaft, in: Benz/Bergmann, Vorurteil, S. 117–158; Stefan Rohrbacher, Sozialer Protest und antijüdische Ausschreitungen im 19. Jahrhundert, in: Benz/Bergmann, Vorurteil, S. 59–174; Thomas Nipperdey, Deutsche Geschichte 1800–1866. Bürgerwelt und starker Staat. München 21993. S. 248–255.
3 Ausführlich zu de Lagarde siehe Ulrich Sieg, Deutschlands Prophet. Paul de Lagarde und die Ursprünge des modernen Antisemitismus. München 2007.
4 Werner Jochmann, Gesellschaftskrise und Judenfeindschaft in Deutschland 1870–1945. Hamburg 1988; Ben-Chanan, Juden; John Weiss, Der lange Weg zum Holocaust. Die Geschichte der Judenfeindschaft in Deutschland und Österreich. Hamburg 1997; Helmut Berding, Der Aufstieg des Antisemitismus im Ersten Weltkrieg, in: Benz/Bergmann: Vorurteil, S. 286–303; Nipperdey, Deutsche Geschichte 1866–1918. Band I. Arbeitswelt und Bürgergeist. München 21994, S. 396–413; Band II. Machtstaat vor der Demokratie. München 1992, S. 289–311.
5 Ulrich Herbert, Traditionen des Rassismus, in: Niethammer, Lutz [u.a.], Bürgerliche Gesellschaft in Deutschland. Historische Einblicke, Fragen, Perspektiven. Frankfurt a.M. 1990, S. 472–488; Frank Bajohr, The «Folk Community« and the Persecution of the Jews: German Society under National Socialist Dictatorship, 1933–1945, in: Holocaust and Genocide Studies 20 (2006), S. 183–206; Heinrich August Winkler, Die deutsche Gesellschaft der Weimarer Republik und

der Antisemitismus – Juden als »Blitzableiter«, in: Benz/Bergmann: Vorurteil, S. 341–362.

6 Eberhard Jäckel/Axel Kuhn (Hrsg.): Hitler – Sämtliche Aufzeichnungen, 1905–1924. Stuttgart 1988, S. 88 ff.

7 Hitler, Adolf: Mein Kampf. München [286-290]1938, S. 772.

8 Ian Kershaw, Hitler. 1889–1936: Hubris. London 1998, S. 50, 60–67, 124, 150–153, 241, 246, 286–288; 330; Burrin, Hitler, S. 19–37; Friedländer, Das Dritte Reich und die Juden, Bd. 1, S. 91–106; 118–126; Reginald H. Phelps, Hitlers »grundlegende« Rede über den Antisemitismus. In: VfZ 16 (1968), S. 390–420; Phelps, Hitler als Parteiredner im Jahre 1920, in: VfZ 11 (1963), S. 274–330.

Die Verfolgung der Juden bis 1939 (S. 27–42)

1 Friedländer, Das Dritte Reich, Bd. 1, S. 26–34; Yahil, Shoah, S. 92–101; Longerich, Politik, S. 25–41.

2 Longerich, Politik, S. 41–64; Friedländer, Das Dritte Reich, Bd. 1, S. 34–86.

3 Friedländer, Das Dritte Reich, Bd. 1, S. 129–191; Longerich, Politik, S. 102–115.

4 Longerich, Politik, S. 65–101, Yahil, Shoah, S. 138–158; Hilberg, Vernichtung, S. 97–163; Frank Bajohr, Die wirtschaftliche Existenzvernichtung und Enteignung der Juden. Forschungsbilanz und offene Fragen, in: Theresienstädter Studien und Dokumente 2006 (2007), S. 348–365; Ders., Die »Arisierung« in Hamburg. Die Verdrängung der jüdischen Unternehmer 1933–1945, Hamburg 1997.

5 David Cesarani, Adolf Eichmann. Bürokrat und Massenmörder. Berlin 2004; Hans Safrian, Die Eichmann-Männer, Wien 1993.

6 Bericht des Obersten Parteigerichts der NSDAP zu den Ausschreitungen während der »Kristallnacht« v. Feb. 1939; Longerich, Ermordung, 43–44.

7 Longerich, Politik, S. 190–207; Walter H. Pehle, Der Judenpogrom 1938. Von der »Reichskristallnacht« zum Völkermord. Frankfurt a. M. 1988; Hermann Graml, Reichskristallnacht. Antisemitismus und Judenverfolgung im Dritten Reich, München 1988; Dieter Obst, »Reichskristallnacht«. Ursachen und Verlauf des antisemitischen Pogroms vom November 1938, Frankfurt a. M. [u. a.] 1991.

8 Fritz Kieffer, Judenverfolgung in Deutschland – eine innere Angelegenheit? Internationale Reaktionen auf die Flüchtlingsproblematik 1933–1939, Stuttgart 2002.

9 Longerich, Politik, S. 208–226.

10 Max Domarus (Hrsg.), Hitler: Reden und Proklamationen 1932–1945. Kommentiert von einem deutschen Zeitgenossen, 4 Bde., München 1965, Bd. 1, S. 1058.

Die Radikalisierung der Judenverfolgung (S. 43–59)

1 Dieter Schenk, Hans Frank. Hitlers Kronjurist und Generalgouverneur, Frankfurt a.M. 2006.

2 Holder, KTB I, S. 79

3 Rede Hans Franks auf einer Besprechung der Kreishauptleute und Stadtkommissare des Distrikts Radom am 25.11.1939, Tatiana Berenstein (Hrsg.), Faschismus – Getto – Massenmord. Dokumentation über Ausrottung und Widerstand der Juden in Polen während des Zweiten Weltkrieges, Frankfurt a.M. 1960, S. 46.

4 Longerich, Politik. S. 243–256; Browning, Entfesselung, S. 30–64.

5 Eduard Nižňansky, Die Aktion Nisko, das Lager Sosnowiec (Oberschlesien) und die Anfänge des »Judenlagers« in Vyhne (Slowakei), in: Jahrbuch für Antisemitismusforschung 11 (2002), S. 325–335; Longerich, Politik, S. 256–260; Browning, Entfesselung, S. 65–74.

6 IMT Bd. 26, S. 378–383.

7 Denkschrift Himmlers zur Behandlung der Fremdvölkischen im Osten. Hrsg. von Helmut Krausnick, in: VfZ 5 (1957), S. 194–198, hier 197.

8 Browning, Entfesselung. S. 74–116; Aly/Heim, Vordenker, S. 125–185.

9 Magnus Brechtken, »Madagaskar für die Juden«. Antisemitische Idee und politische Praxis 1885–1945, München 1997; Hans Jansen, Der Madagaskar-Plan. Die beabsichtigte Deportation der europäischen Juden nach Madagaskar, München 1997.

10 Heeresadjutant bei Hitler, 1938–1943. Aufzeichnungen des Majors Engel. Hrsg. Hildegard von Kotze, Stuttgart 1974, S. 94f.

11 Browning, Entfesselung, S. 173–209; Andrea Löw, Juden im Getto Litzmannstadt. Lebensbedingungen, Selbstwahrnehmung, Verhalten, Göttingen 2006.

12 Werner Präg/Wolfgang Jacobmeyer (Hrsg.), Das Diensttagebuch des deutschen Generalgouverneurs in Polen 1939–1945, Stuttgart 1975, S. 336.

13 Aktenvermerk des Leiters des SD-Abschnitts Posen Höppner betr. Überlegungen zu einer »Lösung der Judenfrage« im Warthegau mit Anschreiben an Eichmann v. 16.07.1941, Longerich, Ermordung, 74–75.

14 Christopher R. Browning, Jenseits von »Intentionalismus« und »Funktionalismus«. Die Entscheidung zur »Endlösung«, in: Ders., Der Weg zur »Endlösung«. Entscheidungen und Täter. Reinbek (erste Auflage Bonn 1998) 2002, S. 71–112, hier 103.

15 Browning, Entfesselung, S. 209–252; Aly/Heim, Vordenker, S. 300–330.

Der Beginn des Massenmords (S. 60–75)

1 Generaloberst Halder. Kriegstagebuch. Tägliche Aufzeichnungen des Chefs des Generalstabs des Heeres 1939–1942. Hrsg. Hans-Adolf Jacobsen. Bd. II: Von der geplanten Landung in England bis zum Beginn des Ostfeldzuges. (1.7.1940–21.6.1941), Stuttgart 1963. Eintrag v. 30.3.1941, S. 336 f.

2 Johannes Hürter, Hitlers Heerführer. Die deutschen Oberbefehlshaber im Krieg gegen die Sowjetunion 1941/42, München 2006, S. 247–265; Felix Römer, »Im alten Deutschland wäre ein solcher Befehl nicht möglich gewesen«. Rezeption, Adaption und Umsetzung des Kriegsgerichtbarkeitserlasses im Ostheer 1941/42, in: VfZ 56 (2008), S. 53–99.

3 Richtlinien für das Verhalten der Truppe in Russland v. 4.6.1941, Hans-Adolf Jacobsen, Kommissarbefehl, S. 499 f., in: Hans Buchheim [u.a.], Anatomie des SS-Staates. München 61994, S. 447–544.

4 Heydrichs nachträgliche schriftliche Einweisung der vier Höheren SS- und Polizeiführer im Osten v. 2.7.1941, Klein, Einsatzgruppen, S. 323–328.

5 Ralf Ogorreck, Die Einsatzgruppen und die »Genesis der Endlösung«, Berlin 1996; Krausnick/Wilhelm, Truppe; Browning, Entfesselung, S. 318–347; Burrin, Hitler, S. 118; Longerich, Politik, S. 305–320.

6 Jürgen Matthäus, An vorderster Front. Voraussetzungen für die Beteiligung der Ordnungspolizei an der Shoah, in: Paul, Täter der Shoah, S. 137–166, hier 137–138.

7 Browning, Entfesselung, S. 360–391; Longerich, Politik, S. 321; Browning, Jenseits von »Intentionalismus«, S. 89.

8 Burrin, Hitler, S. 120.

9 Ereignismeldung UdSSR Nr. 31 v. 23.07.1941, BArch R58/218, 2–15, hier 9.

10 Stellungnahme Stahleckers v. 6.8.1941, Benz, Einsatz, S. 42–46, hier 43, 46.

11 Schreiben Lohses an die Generalkommissare v. 18.8.1941, Benz, Einsatz, S. 46–47, hier 47.

12 Schreiben Stahleckers an die Einsatzkommandos v. 29.8.1941, Benz, Einsatz, S. 47–48, hier 48.

13 Gerlach, Morde, S. 638; Browning, Entfesselung, S. 360–391; 405–409, 415–418; Longerich, Politik, S. 352–366.

14 Befehl Fegelein v. 27.7.1941, zit. nach: Martin Cüppers, Vorreiter der Shoah. Ein Vergleich der Einsätze beider SS-Kavallerieregimenter im August 1941, in: Timm C. Richter (Hrsg.), Krieg und Verbrechen. Situation und Intention: Fallbeispiele, München 2006, S. 87–97, hier 90.

15 Funkspruch Himmler v. 1.8.1941, zit. nach: Cüppers, Vorreiter (wie Anm. 14), S. 91.

16 Bericht Margill v. 12.8.1941, zit. nach: Cüppers, Vorreiter (wie Anm. 14), S. 96.

17 Longerich, Politik, S. 366–369; Browning, Entfesselung, S. 409–412; Cüppers, Vorreiter (wie Anm. 14).

18 Martin Cüppers, Wegbereiter der Shoah. Die Waffen-SS, der Kommandostab Reichsführer-SS und die Judenvernichtung 1939–1945, Darmstadt 2005, S. 142–188.

19 Browning, Entfesselung, S. 419–424; Longerich, Politik, S. 369–386.

20 Hartmut Rüß, Wer war verantwortlich für das Massaker von Babij Jar?, in: MGM 57 (1998), S. 483–508; Klaus Jochen Arnold, Die Eroberung und Behandlung der Stadt Kiew durch die Wehrmacht im September 1941: Zur Radikalisierung der Besatzungspolitik, in: MGM 58 (1999) S. 23–63; Erhard Roy Wiehn (Hrsg.), Die Schoáh von Babij Jar. Das Massaker deutscher Sonderkommandos an der jüdischen Bevölkerung von Kiew 1941 fünfzig Jahre danach zum Gedenken, Konstanz 1991.

21 Jäger-Bericht v. 1.12.1941, zit. nach: Longerich, Politik, S. 398.

22 Browning, Entfesselung, S. 424–428; Longerich, Politik, S. 386–410.

Auf dem Weg zur Ermordung der europäischen Juden (S. 76–95)

1 Browning, Entfesselung, S. 481–499; Longerich, Politik, S. 458–460; Walter Manoschek, »Serbien ist judenfrei«. Militärische Besatzungspolitik und Judenvernichtung in Serbien 1941/42 . München 1993.

2 Browning, Entfesselung, S. 499–507; Pohl, Judenverfolgung in Ostgalizien; Thomas Sandkühler, »Endlösung« in Galizien. Der Judenmord in Ostpolen und die Rettungsinitiativen von Berthold Beitz 1941–1944. Bonn 1996.

3 Longerich, Politik, S. 231–234; Yahil, Shoah, S. 331–334; Friedländer, Das Dritte Reich, Bd. 2, S. 29–154.

4 Brief Görings an Heydrich v. [31.]7.1941, Longerich, Ermordung, S. 78.

5 Tobias Jersak, Die Interaktion von Kriegsverlauf und Judenvernichtung. Ein Blick auf Hitlers Strategie im Spätsommer 1941, in: HZ 268 (1999), S. 311–374.

6 Browning, Entfesselung, S. 455–475.

7 Longerich, Politik, S. 427–434.

8 Schreiben Himmlers an Greiser v. 18.9.1941, Longerich, Ermordung, S. 157.

9 Browning, Entfesselung, S. 507–508; Peter Witte, Zwei Entscheidungen in der »Endlösung der Judenfrage«: Deportationen nach Lodz und Vernichtung in Chelmno, in: Miroslav Kárný [u. a.] (Hrsg.), Theresienstädter Studien und Dokumente. Prag 1995, S. 38–68.

10 Browning, Entfesselung, S. 508–535.

11 Browning, Entfesselung, S. 514–535; Bogdan Musial, Deutsche Zivilverwaltung und Judenverfolgung im Generalgouvernement. Eine Fallstudie zum Distrikt Lublin 1939–1944, Wiesbaden 1999, S. 193–215; Pohl: Judenpolitik, S. 89–111.

12 Viktor Brack war Mitarbeiter der Kanzlei des Führers und zusammen mit Philipp Bouhler Leiter des »Euthanasieprogramms«.

13 Schreiben Wetzel an Lohse v. 25.10.1941, Krausnick, Judenverfolgung, S. 650.

14 Longerich, Politik, S. 441–456; Browning, Entfesselung, S. 536–569.

15 Heinz Rosenberg, Jahre des Schreckens. ... und ich blieb übrig, daß ich Dir's ansage, Göttingen 1992; Browning, Entfesselung, S. 442–444, 476–481; »Existiert das Ghetto noch?« Weißrussland: Jüdisches Überleben gegen nationalsozialistische Herrschaft, Berlin/Hamburg/Göttingen 2003.

16 Dienstkalender Himmler, S. 278.

17 Andrej Angrick/Peter Klein, Die »Endlösung« in Riga. Ausbeutung und Vernichtung 1941–1944, Darmstadt 2006, S. 185–206.

18 Browning, Entfesselung, S. 476–480; Longerich, Politik, S. 461–465.

19 Adolf Hitler. Monologe im Führerhauptquartier 1941–1944. Die Aufzeichnungen von Heinrich Heims. Hrsg. Werner Jochmann, Hamburg 1980, S. 99.

20 Rede Rosenberg v. 18.11.1941, zit. nach: Longerich, Politik, S. 448.

21 Lohse an Rosenberg v. 15.11.1941, ITMG 32, S. 435 f.

22 Goebbels, Tagebücher, Teil II: Diktate 1941–1945, Bd. 2: Oktober–Dezember 1941, Eintrag v. 13.12.1941, S. 487–500, hier 498.

23 Vgl. abweichend davon: Christian Gerlach, Die Wannsee-Konferenz, das Schicksal der deutschen Juden und Hitlers politische Grundsatzentscheidung, alle Juden Europas zu ermorden, in: Ders., Krieg, Ernährung, Völkermord. Deutsche Vernichtungspolitik im Zweiten Weltkrieg. München/Zürich 2001, S. 79–152.

24 Zumindest deuten zwei seiner Tagebucheinträge darauf hin: Am 7. März 1942 schrieb er: »Ich lese eine ausführliche Denkschrift des SD und der Polizei über die Endlösung der Judenfrage. Daraus ergeben sich eine Unmenge von neuen Gesichtspunkten. Die Judenfrage muss jetzt im gesamteuropäischen Rahmen gelöst werden. Es gibt in Europa noch über 11 Millionen Juden. Sie müssen später einmal zuerst im Osten konzentriert werden; eventuell kann man ihnen nach dem Kriege eine Insel, etwa Madagaskar zuweisen. Jedenfalls wird es keine Ruhe in Europa geben, wenn nicht die Juden restlos aus dem europäischen Gebiet ausgeschaltet werden.« Goebbels, Tagebücher. Teil II: Diktate 1941–1945. Bd. 3: Januar–März 1942, S. 431 f. Drei Wochen später, am 27. März, hielt er da-

gegen in deutlichen Worten die tatsächliche Behandlung der Juden fest: »Aus dem Generalgouvernement werden jetzt, bei Lublin beginnend, die Juden nach dem Osten abgeschoben. Es wird hier ein ziemlich barbarisches und nicht näher zu beschreibendes Verfahren angewandt, und von den Juden selbst bleibt nicht mehr viel übrig. Im Großen und Ganzen kann man wohl feststellen, dass 60 % davon liquidiert werden müssen, während nur noch 40 % in die Arbeit eingesetzt werden können.« Ebd., S. 561.

25 Diensttagebuch des deutschen Generalgouverneurs, Eintrag v. 16.12.1941, S. 457 f.

26 Kube an Lohse v. 16.12.1941, BArch R90/146.

27 Schreiben Bräutigam an Lohse v. 18.12.1941, Max Weinreich, Hitler's Professors. New York 1946, S. 156.

28 Monologe (wie Anm. 19), S. 106.

29 Denkschrift Luther v. 17.10.1941, zit. nach: Browning, Entfesselung, S. 529.

30 Bericht Hellmut Müller v. 15.10.1941, zit. nach: Browning: Entfesselung, S. 517.

31 Martin Broszat, Hitler und die Genesis der »Endlösung«. Aus Anlaß der Thesen von David Irving, in: VfZ 25 (1977), S. 739–775; Longerich, Politik, S. 441–448.

Der Beginn der europaweiten Vernichtung (S. 96–102)

1 Einladungsschreiben Heydrichs an SS-Gruppenführer Hoffmann v. 29.11.1941, Wannsee-Konferenz, S. 88.

2 Browning, Entfesselung, S. 581.

3 Niederschrift über die »Wannsee-Konferenz« v. 20.1.1942, Longerich, Ermordung, S. 83–92, hier 85–87.

4 Prozessvernehmung Eichmanns zur »Wannsee-Konferenz« v. 24.7.1961, Longerich, Ermordung, S. 92–94.

5 Browning, Entfesselung, S. 586–590; Benz, Holocaust, S. 7–15; Gerlach, Wannsee-Konferenz; Norbert Kampe, Die Wannsee-Konferenz, in: Wannsee-Konferenz, S. 98–101; Mark Roseman, Die Wannsee-Konferenz. Wie die NS-Bürokratie den Holocaust organisierte. Berlin 2002; Johannes Tuchel, Am Großen Wannsee 56–58. Von der Villa Minoux zum Haus der Wannsee-Konferenz. Berlin 1992.

6 Protokoll über den Hergang der Hauptabteilungs- und Abteilungsleitersitzung v. 29.01.1942, Nacyjanal'ny archiŭ Rèspubliki Belarus', Minsk, fond 370, opis' 1, delo 53, 163–168, hier 164–165. Hervorhebungen von A. B.

7 Gerlach, Morde, S. 503–774; Yahil, Shoah, S. 365–401; Longerich, Politik, S. 511–512.

8 Vortrag Turner beim Wehrmachtsbefehlshaber Südost v. 29.8.1942, Longerich, Ermordung, S. 294.

9 Browning, Entfesselung, S. 601–603.

Die »Aktion Reinhard«: Ermordung der polnischen Juden (S. 103–111)

1 Schreiben Greiser an Himmler v. 1.5.1942, Longerich, Ermordung, S. 194–195, hier 194.

2 Ansprache Himmlers v. 9.6.1942, Heinrich Himmler. Geheimreden 1933 bis 1945 und andere Ansprachen. Hrsg. Bradley F. Smith/Agnes F. Peterson, Frankfurt a. M. [u. a.] 1974, S. 145 ff., hier 159.

3 Wegen der Unsicherheit in der Schreibweise findet sich in zahlreichen zeitgenössischen Dokumenten auch die falsche Form »Reinhardt«.

4 Longerich, Politik, S. 504–511; Pohl, Holocaust, S. 65–70.

5 Stoop-Bericht, Darmstadt 1976.

6 Dan Kurzman, The Bravest Battle. The Twenty-eight Days of the Warsaw Ghetto Uprising, New York 1993; Władysław Bartoszewski, Das Warschauer Ghetto – wie es wirklich war. Zeugenbericht eines Christen, Frankfurt a. M. 1983; Marek Edelman: Das Ghetto kämpft. Berlin 1993; Yisrael Gutman, The Jews of Warsaw, 1939–1943. Ghetto, Underground, Revolt, Sussex 1982; Moshe Arens, The Jewish Military Organization (ŻZW) in the Warsaw Ghetto, in: Holocaust and Genocide Studies 19 (2005), S. 201–225.

7 Bogdan Musial (Hrsg.), »Aktion Reinhardt«. Der Völkermord an den Juden im Generalgouvernement 1941–1944, Osnabrück 2004; Jacek Andrzej Młynarczyk, Judenmord in Zentralpolen. Der Distrikt Radom im Generalgouvernement 1939–1945. Darmstadt 2007; Robert Seidel, Deutsche Besatzungspolitik in Polen. Der Distrikt Radom 1939–1945, Paderborn [u. a.] 2006.

Auschwitz (S. 112–123)

1 Autobiographische Aufzeichnungen von Rudolf Höß; Longerich, Ermordung, S. 380.

2 Steinbacher, »Musterstadt«; Dies., Auschwitz. Geschichte und Nachgeschichte. München 2004; Hilberg, Vernichtung.

Die Deportation aus dem Deutschen Reich und den besetzten Gebieten (S. 124–141)

1 Schnellbrief Eichmanns v. 31.01.1942; Longerich, Ermordung, S. 165–167, hier 166.

2 H. G. Adler, Theresienstadt 1941–1945. Das Antlitz einer Zwangsgemeinschaft, Göttingen 2005.

3 Hilberg, Vernichtung, S. 629–631.

4 Bob Moore, Victims and Survivors. The Nationalsozialist Persecution of the Jews in the Netherlands 1940–1945, London [u.a.] 1997; G. Jan Colijn/Marcia S. Littell (Hrsg.), The Netherlands and Nationalsozialist Genocide. Papers of the 21st Annual Scholars' Conference, New York/Ontario 1991; Nanda van der Zee, »Um Schlimmeres zu verhindern...«; Pim Griffioen/Ron Zeller, Anti-Jewish Policy and Organization of the Deportations in France and the Netherlands, 1940–1944: A Comparative Study, in: Holocaust and Genocide Studies 20 (2006), S. 437–473.

5 R. van Doorslaer [u.a.], Les Juifs de Belgique. De l'immigration au génocide, 1925–1945. Bruxelles [o.J.]; Dan Michman (Hrsg.), Belgium and the Holocaust. Jews, Belgians, Germans. Jerusalem 1998; Ron Zeller/Pim Griffioen, Judenverfolgung in den Niederlanden und in Belgien während des Zweiten Weltkriegs. Teil 1, in: 1999: Zeitschrift für Sozialgeschichte des 20. und 21. Jahrhunderts 11 (1996), S. 30–54, Teil 2: 12 (1997), S. 29–48.

6 Hilberg, Vernichtung, S. 582–586; Robert Bohn, Reichskommissariat Norwegen, »Nationalsozialistische Neuordnung« und Kriegswirtschaft, München 2000; Samuel Abrahamsen, Norway's Response to the Holocaust, New York 1991.

7 Ulrich Herbert, Best. Biographische Studien über Radikalismus, Weltanschauung und Vernunft, 1903–1989, Bonn 1996; Tatiana Brustin-Berenstein, The Historiographic Treatment of the Abortive Attempt to Deport the Danish Jews, in: Yad Vashem Studies 17 (1986), S. 181–218; Hilberg, Vernichtung, S. 586–596.

8 Andrew Apostolou, »The Exception of Salonika«: Bystanders and Collaborators in Northern Greece, in: Holocaust and Genocide Studies 14 (2000), S. 165–196; Mark Mazower, Inside Hitler's Greece. The Experience of Occupation, 1941–1944, New Haven/London 1993; Hilberg, Vernichtung, S. 737–755.

9 Ulrich Herbert, Die deutsche Militärverwaltung in Paris und die Deportation der französischen Juden, in: Ders.: Vernichtungspolitik, S. 170–208; Peter Lieb, Konventioneller Krieg oder NS-Weltanschauungskrieg? Kriegführung und Partisanenbekämpfung in Frankreich 1943/44, München 2007, 20–31.

10 Aufzeichnung Danneckers nach Besprechung mit Eichmann v. 1.7.1942, Serge Klarsfeld, Vichy – Auschwitz. Die Zusammenarbeit der deutschen und französischen Behörden bei der »Endlösung der Judenfrage« in Frankreich, Nördlingen 1989, 390 f., hier 391.

11 Ahlrich Meyer, Täter im Verhör. Die »Endlösung der Judenfrage« in Frankreich 1940–1944, Darmstadt 2005; Klarsfeld: Vichy. (wie Anm. 10); Renée Poznanski, Jews in France during World War II, Hannover/London 2001; Susan Zuccotti, The Holocaust, the French and the Jews. New York 1993; Herbert, Best (wie Anm. 7).

Die deutschen Verbündeten und die Judenverfolgung (S. 142–153)

1 Ladislav Lipscher, Die Juden im Slowakischen Staat. 1939–1945, München/Wien 1980; Yehoshua Büchler, The Deportation of Slovakian Jews to the Lublin District of Poland in 1942, in: Holocaust and Genocide Studies 6 (1991), S. 151–166.

2 Hilberg, Vernichtung, S. 755–765; Menachem Shelah, Kroatische Juden zwischen Deutschland und Italien. Die Rolle der italienischen Armee am Beispiel des Generals Guiseppe Amico 1941–1943, in: VfZ 41 (1993), S. 175–195; Srdjan Trifković, Rivalry between Germany and Italy in Croatia, 1942–1943, in: The Historical Journal 36 (1993), 879–904.

3 I. C. Butnaru, The Silent Holocaust. Romania and its Jews. New York [u. a.] 1992; Radi Ioanid, The Holocaust in Romania. The Destruction of Jews and Gypsies under the Antonescu Regime. 1940–1944, Chicago 2000; Jean Ancel, The German-Romanian Relationship and the Final Solution, in: Holocaust and Genocide Studies 19 (2005), S. 252–275; Ders.: Antonescu and the Jews, in: Yad Vashem Studies 23 (1993), S. 213–280.

4 Hannu Rautkallio, Finland and the Holocaust. The Rescue of Finland's Jews, New York 1987.

5 Frederick Barry Chary, Bulgaria and the Jews. The »Final Solution«. 1940 to 1944, Pittsburgh 1968; Hilberg, Vernichtung, S. 794–811.

6 Renzo de Felice, The Jews in Fascist Italy. A History, New York 2001; Jonathan Steinberg, Deutsche, Italiener und Juden. Der italienische Widerstand gegen den Holocaust. Göttingen 1992; Joshua D. Zimmerman (Hrsg.), Jews in Italy under Faschist and Nationalsozialist Rule, 1922–1945, Cambridge 2005; Amedeo Osti Guerrazzi, Kain in Rom. Judenverfolgung und Kollaboration unter deutscher Besatzung 1943/44, in: VfZ 54 (2006), S. 231–268; Thomas Schlemmer/Hans Woller, Der italienische Faschismus und die Juden 1922 bis 1945, in: VfZ 53 (2005), S. 164–201; MacGregor Knox, Das faschistische Italien und die »Endlösung« 1942/43, in: VfZ 55 (2007), S. 53–92; Carlo Moos, Ausgrenzung, Internie-

rung, Deportation. Antisemitismus und Gewalt im späten italienischen Faschismus (1938–1945), Zürich 2005.

7 Christian Gerlach/Götz Aly, Das letzte Kapitel. Realpolitik, Ideologie und der Mord an den ungarischen Juden 1944/45, Stuttgart/München 2002; Tamás Stark, Hungarian Jews during the Holocaust and after the Second World War, 1939–1949: a Statistical Review, Boulder 2000; Randolph L. Braham, The Kamenets Podolsk and Délvidék Massacres. Prelude to the Holocaust in Hungary, in: Yad Vashem Studies 9 (1973), S. 133–156; Ders. (Hrsg.), The Politics of Genocide. The Holocaust in Hungary, Detroit 2000.

Das Ende des Vernichtungsprozesses (S. 154–162)

1 Hitler, Mein Kampf, S. 186.

2 Rede Himmlers auf der SS-Gruppenführertagung in Posen v. 4.10.1943, IMT, XXIX, S. 145 f.

3 Rede Himmlers vor den Reichs- und Gauleitern in Posen v. 6.10.1943, Himmler: Geheimreden, S. 162–183, hier 169.

4 Rede Himmlers auf der SS-Gruppenführertagung in Posen v. 4.10.1943, IMT, XXIX, S. 145.

5 Jersak, Entscheidung, S. 273–274.

6 Allerdings versuchten 25 Gefangene rechtzeitig zu fliehen, was immerhin 15 von ihnen auch gelang.

7 Shmuel Spector, Aktion 1005. Effacing the Murder of Millions, in: Holocaust and Genocide Studies 5 (1990), S. 157–173; Hilberg, Vernichtung, S. 1043–1046.

8 Hilberg, Vernichtung, S. 1046–1056; Daniel Blatman, Die Todesmärsche – Entscheidungsträger, Mörder und Opfer, in: Herbert/Orth/Dieckmann, Konzentrationslager, S. 1063–1092, hier S. 1067; Joanne Reilly, Belsen. The Liberation of a Concentration Camp, London/New York 1998; Katharina Hertz-Eichenrode (Hrsg.), Ein KZ wird geräumt. Häftlinge zwischen Vernichtung und Befreiung. Die Auflösung des KZ Neuengamme und seiner Außenlager durch die SS im Frühjahr 1945, 2 Bde., Bremen 2000.

Die Deutschen und der Holocaust (S. 163–174)

1 Zum Reichssicherheitshauptamt siehe Michael Wildt, Generation des Unbedingten. Das Führungskorps des Reichssicherheitshauptamtes, Hamburg 2002. Zur besonderen Bedeutung der »Judenreferats« im Reichssicherheitshauptamt

und zu den dort tätigen Personen siehe Yaacov Lozowick, Hitlers Bürokraten. Eichmann, seine willigen Vollstrecker und die Banalität des Bösen, Zürich/München 2000.

2 Christian T. Barth, Goebbels und die Juden, Paderborn [u.a.] 2003.

3 Zum Personal in den Konzentrationslagern siehe Karin Orth, Die Konzentrationslager SS. Sozialstrukturelle Analysen und biographische Studien, München 2004. Zu den Höheren SS- und Polizeiführern siehe Birn, Die Höheren SS- und Polizeiführer.

4 Edward B. Westermann, Hitler's Police Battailons. Enforcing Racial War in the East, Lawrence 2005; Jürgen Matthäus, Die Beteiligung der Ordnungspolizei am Holocaust, in: Wolfgang Kaiser (Hrsg.), Täter im Vernichtungskrieg. Der Überfall auf die Sowjetunion und der Völkermord an den Juden, Berlin 2002, S. 166–185.

5 Siehe Peter Lieb, Täter aus Überzeugung? Oberst Carl von Andrian und die Judenmorde der 707. Infanteriedivision 1941/42. Das Tagebuch eines Regimentskommandeurs: Ein neuer Zugang zu einer berüchtigten Wehrmachtsdivision, in: VfZ 50 (2002), S. 523–557.

6 Jens Banach, Heydrichs Elite. Das Führerkorps der Sicherheitspolizei und des SD 1936–1945, Paderborn [u.a.] 1998; Paul, Täter der Shoah.

7 Harald Welzer, Täter. Wie aus ganz normalen Menschen Massenmörder werden, Frankfurt a.M. [3]2005; Christopher R. Browning, Ganz normale Männer. Das Reserve-Polizeibataillon 101 und die »Endlösung« in Polen, Reinbek bei Hamburg 1996; Thomas Kühne, Kameradschaft. Die Soldaten des nationalsozialistischen Krieges und das 20. Jahrhundert. Göttingen 2006.

8 Pohl, Holocaust, S. 124; Dörner, Die Deutschen und der Holocaust, S. 65–66.

9 Dörner, Die Deutschen und der Holocaust, S. 495–601.

10 Dörner, Die Deutschen und der Holocaust, S. 94–95.

11 Sven Oliver Müller, Nationalismus in der deutschen Kriegsgesellschaft 1939 bis 1945, in: DRZW 9/2, S. 9–92, hier 72–73. Siehe auch Martin Humburg, Das Gesicht des Krieges. Feldpostbriefe von Wehrmachtssoldaten aus der Sowjetunion 1941–1944, Opladen [u.a.] 1998, S. 648.

12 Longerich, Davon haben wir nichts gewusst, S. 218–247.

13 Dörner, Die Deutschen und der Holocaust, S. 615–616.

14 Artikel von Josef Goebbels in »Das Reich« v. 8.5.1943, zit. Nach: Dörner, Die Deutschen und der Holocaust, S. 176.

15 Artikel in der Zeitung »Die Front« v. 21.1.1942, zit. nach: Dörner, Die Deutschen und der Holocaust, S. 434.

16 Victor Klemperer, Ich will Zeugnis ablegen bis zum letzten. Tagebücher 1933–1945. Berlin 1995, Bd. 2, S. 47.

17 Joachim Fest, Ich nicht. Erinnerungen an eine Kindheit und Jugend. Frankfurt a.M. 2006, S. 217.

18 Dörner, Die Deutschen und der Holocaust, S. 361–362, geht davon aus, die Mehrheit der Deutschen hätte vom Holocaust gewusst. Dagegen nimmt Longerich, Davon haben wir nichts gewusst, S. 240, an, nur ein großer Teil der Bevölkerung, nicht aber die Mehrheit sei informiert gewesen.

19 Longerich, Davon haben wir nichts gewusst, S. 129–135.

20 Dörner, Die Deutschen und der Holocaust, S. 363.

21 Monologe v. 25.1.1942, S. 227–229, hier 228. Ähnliche Aussagen am 19.11.1941 (S. 143) und am 15.5.1942 (S. 430–436, hier 435).

22 Bajohr, «Folk Community« (wie Anm. 5); Ders./Dieter Pohl, Der Holocaust als offenes Geheimnis. Die Deutschen, die NS-Führung und die Alliierten, München 2006.

23 Erich Kock, Er widerstand. Bernhard Lichtenberg, Dompropst bei St. Hedwig Berlin, Berlin 1996; Michael Kißener (Hrsg.), Widerstand gegen die Judenverfolgung, Konstanz 1996; Eric A. Johnson, Der nationalsozialistische Terror. Gestapo, Juden und gewöhnliche Deutsche, Berlin 2000; Hilberg, Täter; Robert Gellately, Hingeschaut und weggesehen. Hitler und sein Volk, Stuttgart/München 2002.

Der Holocaust im Kontext der nationalsozialistischen Vernichtungspolitik (S. 175–181)

1 Wagner am 13.11.1941, zit. nach Christian Streit, Keine Kameraden. Die Wehrmacht und die sowjetischen Kriegsgefangenen 1941–1945, Stuttgart 1978, S. 157.

2 Streit, Keine Kameraden (wie Anm. 1).

3 Günter Grau (Hrsg.), Homosexualität in der NS-Zeit. Dokumente einer Diskriminierung und Verfolgung, Frankfurt a.M. 1993; Burkhard Jellonek (Hrsg.), Nationalsozialistischer Terror gegen Homosexuelle: verdrängt und ungesühnt, Paderborn [u.a.] 2002; Burkhard Jellonek, Homosexuelle unter dem Hakenkreuz. Die Verfolgung der Homosexuellen im Dritten Reich, Paderborn [u.a.] 1990; Richard Plant, Rosa Winkel. Der Krieg der Nazis gegen die Homosexuellen, Frankfurt a.M. 1991; Detlef Garbe, Zwischen Widerstand und Martyrium. Die Zeugen Jehovas im »Dritten Reich«, München 21994; Hans Hesse (Hrsg.), »Am mutigsten waren immer wieder die Zeugen Jehovas«. Verfolgung und Widerstand der Zeugen Jehovas im Nationalsozialismus, Bremen 1998.

4 Michael Burleigh, Tod und Erlösung. Euthanasie in Deutschland 1900–1945, Zürich/München 2002; Friedlander, Weg zum NS-Genozid; Ernst Klee, »Eutha-

nasie« im NS-Staat. Die »Vernichtung lebensunwerten Lebens«, Frankfurt a. M. 1983; Winfried Süß, Der »Volkskörper« im Krieg. Gesundheitspolitik, Gesundheitsverhältnisse und Krankenmord im nationalsozialistischen Deutschland 1939–1945, München 2003.

5 Michael Zimmermann, Die nationalsozialistische »Lösung der Zigeunerfrage«, in: Herbert, Nationalsozialistische Vernichtungspolitik, S. 235–262, hier 247.

6 Michael Zimmermann, Rassenutopie und Genozid. Die nationalsozialistische »Lösung der Zigeunerfrage«, Hamburg 1996.

7 Hitlers politisches Testament, in: Domarus (wie Anm. 18), Bd. 4, S. 2236–2239, hier 2236–2237.

8 Ebd., S. 2239.

Auswahlbibliografie

Die Literatur zum Holocaust ist unüberschaubar. Die im Folgenden aufgeführten Titel dienen lediglich als Anregung für die vertiefende Lektüre. Ausführliche Literaturhinweise stehen in den Anmerkungen.

Aly, Götz: »Endlösung«. Völkerverschiebung und der Mord an den europäischen Juden. Frankfurt a.M. 1995.

Aly, Götz/Susanne Heim: Vordenker der Vernichtung. Frankfurt a.M. ⁵2004.

Angrick, Andrej: Besatzung und Massenmord. Die Einsatzgruppe D in der südlichen Sowjetunion 1941–1943. Hamburg 2003.

Angrick, Andrej/Peter Klein: Die »Endlösung« in Riga. Ausbeutung und Vernichtung 1941–1944. Darmstadt 2006.

Bajohr, Frank/Dieter Pohl: Der Holocaust als offenes Geheimnis. Die Deutschen, die NS-Führung und die Alliierten. München 2006.

Ben-Chanan, Yaakow: Juden und Deutsche. Der lange Weg nach Auschwitz. Kassel 1993.

Benz, Wolfgang (Hrsg.): Dimension des Völkermords. München 1991.

Benz, Wolfgang: Der Holocaust. München ^{6}2005.

Benz, Wolfgang/Werner Bergmann (Hrsg.): Vorurteil und Völkermord. Entwicklungslinien des Antisemitismus. Bonn 1997.

Benz, Wolfgang/Konrad Kwiet/Jürgen Matthäus (Hrsg.): Einsatz im »Reichskommissariat Ostland«. Dokumente zum Völkermord im Baltikum und in Weißrußland 1941–1944. Berlin 1998.

Berding, Helmut: Moderner Antisemitismus in Deutschland. Frankfurt a.M. 1988.

Birn, Ruth Bettina: Die Höheren SS- und Polizeiführer. Himmlers Vertreter im Reich und in den besetzten Gebieten. Düsseldorf 1986.

Browning, Christopher R.: Die Entfesselung der »Endlösung«. Nationalsozialistische Judenpolitik 1939–1942. München 2003.

Browning, Christopher R.: Ganz normale Männer. Das Reserve-Polizeibataillon 101 und die »Endlösung« in Polen. Reinbek 1996.

Browning, Christopher R.: Der Weg zur »Endlösung«. Entscheidungen und Täter. Reinbek 2002.

Buchheim, Hans/Martin Broszat/Hans-Adolf Jacobsen/Helmut Krausnick: Anatomie des SS-Staates. München ^{6}1994.

Burrin, Philippe: Hitler und die Juden. Die Entscheidung für den Völkermord. Frankfurt a.M. 1993.

Cüppers, Martin: Wegbereiter der Shoah. Die Waffen-SS, der Kommandostab Reichsführer-SS und die Judenvernichtung 1939–1945. Darmstadt 2005.

Długoborski, Wacław/Franciszek Piper (Hrsg.): Auschwitz 1940–1945. Studien zur Geschichte des Konzentratios- und Vernichtungslagers Auschwitz. 5 Bde. Oświęcim 1999.

Dörner, Bernward: Die Deutschen und der Holocaust. Was niemand wissen wollte, aber jeder wissen konnte. Berlin 2007.

Europa unterm Hakenkreuz. Die Okkupationspolitik des deutschen Faschismus (1938–1945). 7 Bde. Berlin/Heidelberg 1988–1993.

Förster, Jürgen: Das Unternehmen »Barbarossa« als Eroberungs- und Vernichtungskrieg, in: Das Deutsche Reich und der Zweite Weltkrieg. Band 4: Der Angriff auf die Sowjetunion. Stuttgart 1983, S. 420–426.

Frei, Norbert/Sybille Steinbacher/Bernd C. Wagner (Hrsg.): Ausbeutung, Vernichtung, Öffentlichkeit. Neue Studien zur nationalsozialistischen Lagerpolitik. München 2000.

Friedländer, Saul: Das Dritte Reich und die Juden. Die Jahre der Verfolgung 1933–1939. München 1998.

Friedländer, Saul: Das Dritte Reich und die Juden. Die Jahre der Vernichtung 1939–1945. München 2006.

Friedlander, Henry: Der Weg zum NS-Genozid. Von der Euthanasie zur Endlösung. Berlin 1997.

Gerlach, Christian: Kalkulierte Morde. Die deutsche Wirtschafts- und Vernichtungspolitik in Weißrußland 1941 bis 1944. Hamburg 2000.

Gerlach, Christian: Krieg, Ernährung, Völkermord. Deutsche Vernichtungspolitik im Zweiten Weltkrieg. Zürich/München 2001.

Gerlach, Christin/Götz Aly: Das letzte Kapitel. Realpolitik, Ideologie und der Mord an den ungarischen Juden 1944/45. Stuttgart/München 2002.

Gutman, Israel/Eberhard Jäckel/Peter Longerich/Julius H. Schoeps: Enzyklopädie des Holocaust. Die Verfolgung und Ermordung der europäischen Juden. München/Zürich [2][1998].

Herbert, Ulrich (Hrsg.): Nationalsozialistische Vernichtungspolitik 1939–1945. Neue Forschungen und Kontroversen. Frankfurt a.M. [4]2001.

Herbert, Ulrich/Karin Orth/Christoph Dieckmann (Hrsg.): Die nationalsozialistischen Konzentrationslager. Frankfurt a.M. 2002.

Hilberg, Raul: Die Quellen des Holocaust. Entschlüsseln und Interpretieren. Frankfurt a.M. 2002.

Hilberg, Raul: Die Vernichtung der europäischen Juden. Frankfurt a.M. 1994.

Hilberg, Raul: Täter, Opfer, Zuschauer. Die Vernichtung der Juden 1933–1945. Frankfurt a.M. 1992.

Jäckel, Eberhard: Hitlers Herrschaft. Vollzug einer Weltanschauung. Stuttgart ^{3}1991.

Jäckel, Eberhard: Hitlers Weltanschauung. Entwurf einer Herrschaft. Tübingen 1969.

Jochmann, Werner: Gesellschaftskrise und Judenfeindschaft in Deutschland 1870–1945. Hamburg 1988.

Jochmann, Werner: Struktur und Funktion des deutschen Antisemitismus 1878–1914, in: Wolfgang Benz/Werner Bergmann (Hrsg.): Vorurteil und Völkermord. Entwicklungslinien des Antisemitismus. Bonn 1997, S. 177–218.

Klarsfeld, Serge: Vichy – Auschwitz. Die Zusammenarbeit der deutschen und französischen Behörden bei der »Endlösung der Judenfrage« in Frankreich. Nördlingen 1989.

Klein, Peter (Hrsg.): Die Einsatzgruppen in der besetzten Sowjetunion 1941/42. Die Tätigkeits- und Lageberichte des Chefs der Sicherheitspolizei und des SD. Berlin 1997.

Klemperer, Victor: Ich will Zeugnis ablegen bis zum letzten. Tagebücher 1933–1945. 2 Bde. Berlin 1995.

Krausnick, Helmut/Hans-Heinrich Wilhelm: Die Truppe des Weltanschauungskrieges. Die Einsatzgruppen der Sicherheitspolizei und des SD 1938–1942. Eine exemplarische Studie. Stuttgart 1981.

Longerich, Peter: Der ungeschriebene Befehl. Hitler und der Weg zur »Endlösung«. München/Zürich 2001.

Longerich, Peter (Hrsg.): Die Ermordung der europäischen Juden. Eine umfassende Dokumentation des Holocaust 1941–1945. München/Zürich ^{2}1990.

Longerich, Peter: »Davon haben wir nichts gewusst!« Die Deutschen und die Judenverfolgung 1933–1945. Berlin 2006.

Longerich, Peter: Politik der Vernichtung. Eine Gesamtdarstellung der nationalsozialistischen Judenverfolgung. München/Zürich 1998.

Manoschek, Walter: »Serbien ist judenfrei«. Militärische Besatzungspolitik und Judenvernichtung in Serbien 1941/42 . München 1993.

Mommsen, Hans: Auschwitz, 17. Juli 1942. Der Weg zur europäischen »Endlösung der Judenfrage«. München 2002.

Moos, Carlo: Ausgrenzung, Internierung, Deportation. Antisemitismus und Gewalt im späten italienischen Faschismus (1938–1945). Zürich 2005.

Ogorreck, Ralf: Die Einsatzgruppen und die »Genesis der Endlösung«. Berlin 1996.

Orth, Karin: Die Konzentrationslager SS. Sozialstrukturelle Analysen und biographische Studien. München 2004.

Orth, Karin: Das System der nationalsozialistischen Konzentrationslager. Eine politische Organisationsgeschichte. Hamburg 1999.

Paul, Gerhard (Hrsg.): Die Täter der Shoah. Fanatische Nationalsozialisten oder ganz normale Deutsche? Göttingen 2002.

Pohl, Dieter: Holocaust. Die Ursachen, das Geschehen, die Folgen. Freiburg/Basel/Wien 2000.

Pohl, Dieter: Nationalsozialistische Judenverfolgung in Ostgalizien 1941–1944. Organisation und Durchführung eines staatlichen Massenverbrechens. München ²1997.

Pohl, Dieter: Nationalsozialistischer Judenmord als Problem von osteuropäischer Geschichte und Osteuropa-Geschichtsschreibung. In: JBfGOE 40 (1992), S. 96–119.

Poliakov, Leon: Geschichte des Antisemitismus. Worms/Frankfurt a.M. 1977–1988.

Der Prozess gegen die Hauptkriegsverbrecher vor dem Internationalen Militärgerichtshof. 42 Bde. Nürnberg 1947–1949. [zitiert als IMT]

Pulzer, Peter G. J.: Die Entstehung des politischen Antisemitismus in Deutschland und Österreich 1867 bis 1914. Göttingen 2004.

Steinbacher, Sybille: »Musterstadt« Auschwitz. Germanisierung und Judenmord in Ostoberschlesien. München 2000.

Verbrechen der Wehrmacht. Dimensionen des Vernichtungskrieges 1941–1944. Ausstellungskatalog. Hrsg. vom Hamburger Institut für Sozialforschung. Hamburg 2002.

Volkov, Shulamit: Die Juden in Deutschland 1780-1918. München ²2000.

Die Wannsee-Konferenz und der Völkermord an den europäischen Juden. Katalog der ständigen Ausstellung. Hrsg. von der Gedenk- und Bildungsstätte Haus der Wannsee-Konferenz. Berlin 2006.

Weiss, John: Der lange Weg zum Holocaust. Die Geschichte der Judenfeindschaft in Deutschland und Österreich. Hamburg 1997.

Welzer, Harald: Täter. Wie aus ganz normalen Menschen Massenmörder werden. Frankfurt a. M. [3]2005.

Wildt, Michael: Generation des Unbedingten. Das Führungskorps des Reichssicherheitshauptamtes. Hamburg 2002.

Witte, Peter [u. a.] (Hrsg.): Der Dienstkalender Heinrich Himmlers 1941/42. Hamburg 1999.

Yahil, Leni: Die Shoah. Überlebenskampf und Vernichtung der europäischen Juden. München 1998.

Zimmermann, Moshe: Die Juden in Deutschland 1914–1945. München 1997.

Register

Der Autor

Alexander Brakel, geb. 1976 in Bonn, studierte Mittlere und Neuere Geschichte, Osteuropäische Geschichte und Slavistik in Mainz, Glasgow und Voronež. Er promovierte 2006 zum Thema »Baranowicze 1939–1944. Eine Region der kresy wschodnie unter sowjetischer und deutscher Besatzung«.